Shaping Faith – Fashioning Splendour
Glauben formen – Pracht gestalten

Participare!
Schriften des Diözesanmuseums Rottenburg
Band 11

Diözesanmuseum Rottenburg
Daniela Blum / Melanie Prange (Hg.)

Shaping Faith –
Fashioning
Splendour
Glauben formen –
Pracht gestalten

Ein Kooperationsprojekt des Diözesanmuseums
Rottenburg mit der Hochschule Pforzheim

Jan Thorbecke Verlag

HS PF

VERLAGSGRUPPE PATMOS

PATMOS
ESCHBACH
GRÜNEWALD
THORBECKE
SCHWABEN
VER SACRUM

Die Verlagsgruppe
mit Sinn für das Leben

Für die Verlagsgruppe Patmos ist Nachhaltigkeit ein wichtiger Maßstab ihres Handelns.
Wir achten daher auf den Einsatz umweltschonender Ressourcen und Materialien.

Bibliografische Information der Deutschen Nationalbibliothek
Die Deutsche Nationalbibliothek verzeichnet diese Publikation in der
Deutschen Nationalbibliografie; detaillierte bibliografische Daten
sind im Internet über http://dnb.d-nb.de abrufbar.

Umschlaggestaltung: Demirag Architekten, Stuttgart
Umschlagabbildung: Anna Selbdritt, Jörg Stocker, Ulm, um 1490, Diözesanmuseum Rottenburg, Inv. Nr. 2.41;
Detail des Entwurfs von Lennart Bohle
Gestaltung, Satz und Repro: Demirag Architekten, Stuttgart, und Schwabenverlag AG, Ostfildern
Druck: Beltz Grafische Betriebe GmbH, Bad Langensalza
Hergestellt in Deutschland
ISBN 978-3-7995-1568-9

Inhalt

Anhang

Grußwort

An Pfingsten 2021 wurde in einer katholischen Kirche im Sauerland ein Gemälde des Künstlers Thomas Jessen enthüllt, das in der Gemeinde und Tage später in ganz Deutschland für einige Aufregung sorgte. Auf dem Bild sind Maria, die hl. Veronika und der sogenannte zweifelnde Thomas zu sehen – allesamt in blauen Jeanshosen. Maria trägt außerdem einen Rollkragenpulli, Veronika Handwerkerkleidung: ganz normale heutige Alltagskleidung also – und dennoch ein großer Aufreger. Oder gerade deswegen?

Kleidung ist also doch nicht nur Nebensache in der Kunst – auch nicht in der Kunst des Mittelalters. Textilien, Gewänder, Kopfbedeckungen und Schuhe spielen eine Rolle – und zwar eine ganz entscheidende. In ihnen verbergen sich wichtige theologische Aussagen. Gleichzeitig aktualisierte schon damals die Kleidung das biblische Geschehen und die Personen der Heilsgeschichte in das mittelalterliche Heute der Maler, Auftraggeber und Auftraggeberinnen. Gerade die Kleidung verdeutlicht demnach, wie wichtig es mittelalterlichen Menschen war, den in der Bibel beschriebenen Weg Gottes mit den Menschen in ihr Heute hineinzuschreiben, ihn eben keine bloße Erzählung, keine Historie sein zu lassen.

Diese Perspektive erlaubt einen neuen Blick auf die mittelalterlichen Tafeln und Skulpturen. Ein besonderer Gewinn war es für das Diözesanmuseum Rottenburg, dass junge Designerinnen und Designer die mittelalterliche Kunst mit ihrem Blick angesehen haben. Was sie darin sehen und wie sie wiederum diese Gewänder in unser Heute transferieren, ist äußerst spannend. Die Entwürfe erzählen nicht nur von der Auseinandersetzung mit den Kunstwerken, sondern was den Studierenden von den dahinter stehenden Bibel- und Heiligenfiguren wichtig geworden ist. Nicht nur der fertige Entwurf, sondern gerade auch der Designprozess, den die Ausstellung transparent und anschaulich macht, zeugen von aufrichtigem Interesse und ernsthafter Beschäftigung mit oft gar nicht so einfach zugänglichen religiösen Gehalten und Heiligenfiguren. Auf diese Weise wird deutlich, wie sehr Religion und Mode zusammenhängen können. Vor allem aber wird anschaulich, dass ein Zugang zu Religion, der auch den kreativen, schöpferischen Geist ernst nimmt und damit insgesamt durch und mit der Welt und nicht in Abgrenzung zu ihr nach Gott sucht, ein Zugang ist, der bestimmten mittelalterlichen Strömungen des Christentums sehr nahe steht – und vielleicht auch eine Aktualisierung verdient.

Ich danke den Studierenden für ihre intensive Beschäftigung mit der Sammlung des Diözesanmuseums. Ein herzliches Dankeschön gilt auch den Dozierenden und Mitarbeitenden der Modehochschule Pforzheim für die engagierte Betreuung. Diözesankonservatorin Dr. Melanie Prange und Dr. Daniela Blum sowie dem gesamten Team des Diözesanmuseums Rottenburg danke ich schließlich für die umsichtige und ideenreiche Kuratierung der Ausstellung.

Weihbischof Dr. Gerhard Schneider
Leiter der Hauptabteilung VIIIa – Liturgie (mit Kunst und Kirchenmusik) und Berufungspastoral

Vorwort

Beim Betreten der Dauerausstellung im Diözesanmuseum Rottenburg sind viele unserer Besucherinnen und Besucher schon im ersten Moment fasziniert von der Farb- und Formenvielfalt der präsentierten Kunstwerke. Erfahren sie dann, dass die Skulpturen und Tafeln fast alle rund 500 Jahre oder älter sind, ist das Erstaunen umso größer. Welch Strahlkraft Bildwerke des späten Mittelalters besitzen, wird im Angesicht der hochrangigen Sammlung schwäbischer Kunst neu bewusst.

Wesentliches Element dieser Strahlkraft ist die künstlerische Interpretation von Textilien, die uns in einer großen Variation begegnet. Schon der Bildgrund zahlreicher mittelalterlicher Tafelgemälde besitzt textile Qualität und verleiht den dargestellten Figuren und Szenen als plastisch-vergoldete Nachbildung von Brokatstoffen sakralen Status. Die immer wieder auftretenden vegetabilen Motive von Granatapfel- oder Blattstrukturen besitzen als Folie für die religiöse Darstellung im Vordergrund symbolische Funktion und binden die biblischen Einzelszenen in die ganze Heilsgeschichte ein. Um Stoffe möglichst real darzustellen, wurde die Technik des Pressbrokats entwickelt. Damit die Gewänder in intensiver Farbigkeit erscheinen, legten die Künstler zahlreiche Schichten von Lacken übereinander, die der Malerei selbst im heutigen Zustand noch eine große Tiefenwirkung geben. Höchst aufwändige und kostspielige Farbpigmente, partielle oder großflächige Vergoldungen und Versilberungen verleihen den dargestellten Textilien überirdische Schönheit. Neben diesen kunsttechnischen Möglichkeiten zur Visualisierung von Gewändern kamen – gerade im Spätmittelalter – künstlerische Möglichkeiten hinzu. Sowohl in der Malerei als auch in der Skulptur entwickeln die Kleider und Mäntel der Figuren großes Volumen, bilden beeindruckende Faltensysteme aus und zeigen faszinierende Schattenbildungen sowie Reflexionen.

Dass für die Nachbildung von Textilien in der Kunst des Mittelalters ein maximaler materialtechnischer, handwerklicher und künstlerischer Aufwand betrieben wurde, verdeutlicht ihren inhaltlichen Stellenwert eindrücklich. Leider haben sich reale Stoffe aus jener Zeit nur selten erhalten, jedoch wissen wir, dass diese in Form von Gewändern, Wandbehängen, Teppichen und Baldachinen von höchster Bedeutung waren – und das vor allem auch im Kirchenraum: Reale und nachgebildete Textilien verliehen der Architektur und dem Ritus Pracht und Mysterium zugleich. Diese elementare Bedeutung von Stofflichkeit in der Kunst des späten Mittelalters in den Blick zu nehmen, war der Ausgangspunkt für die Konzeption unserer Ausstellung.

Zugleich stellten wir uns aber auch die Frage, ob Textilien – oder konkret gesprochen – ob ‚Mode' es auch aktuell leistet, mit ihrer Stofflichkeit auf Unstoffliches, Immaterielles zu verweisen. Eine Antwort auf diese Frage erhielten wir durch die Kooperation mit dem Modebereich der Fachhochschule Pforzheim. Inspiriert von den mittelalterlichen Bildwerken des Diözesanmuseums schufen die Studierenden des 3. Semesters Kreationen, die in Material- und Formensprache sowie in ihrer Bearbeitung ganz im Heute verankert sind. Die Entwürfe transformieren die Inhalte der alten Kunstwerke auf sehr individuelle Weise in Fragestellungen, die immer noch Relevanz besitzen: das Verhältnis von Einzelperson und Gemeinschaft, die Phänomene von individueller Verletzlichkeit und gesellschaftlicher Ausgrenzung, die Gleichberechtigung der Geschlechter, die Suche nach Selbstverwirklichung und spiritueller Erfüllung und auch die Überwindung des Weltlichen und Materiellen. Gerade in der Gegenüberstellung mit den traditionellen Darstellungen faszinieren die zeitgenössischen Interpreationen der jungen Kreativen und verdeutlichen die Zeitlosigkeit vieler Themen.

Für die inspirierende Zusammenarbeit und das eindrucksvolle Ergebnis danke ich allen Studierenden herzlich: Sebastian Adam, Lennart Bohle, Annalena Domke, Amra el Gendi, Julia

Judenhahn, Lea Mistrafovic, Melis Ögünc, Oliver Schraft und Rebecca-Madlene Wiedmann. Ohne die Offenheit, mit der sich Prof. Sybille Klose M. A. (CSM), Prodekanin für Internationales, auf unsere Thematik eingelassen hat, wäre die Umsetzung nicht gelungen. Somit danke ich ihr sowie Dipl.-Des. Olga Pfeifle, Akademische Mitarbeiterin, von Herzen für die intensive Planung und Begleitung des Projekts, für die gemeinschaftliche Erarbeitung des Ausstellungskonzepts und den stets bereichernden inhaltlichen Austausch.

Mein Dank gilt auch dem zweiten Kurs der Hochschule Pforzheim, der sich – unter etwas anderer Perspektive – dem Thema von Gewand und dessen sakraler Relevanz gewidmet hat. Unter der Leitung von Prof. Claudia Throm und Medieningenieur Bernhard Gruber-Ballehr haben sich Studierende auf die Gestaltung von Paramenten eingelassen und diese neu gedacht. Es entstanden eindrucksvolle CLO3D-Animationen von futuristischen Entwürfen, die nicht nur das Thema der rituellen Kleidung behandeln, sondern die Entwicklung von Religion und deren Verankerung in der Gesellschaft allgemein berühren.

Die Zusammenarbeit mit den jungen Designerinnen und Designern, ihr analysierender Blick, ihre kreative Formfindung und höchst individuelle Umsetzung spezifischer Fragestellungen war für uns eine sehr bereichernde Erfahrung. Wir blicken frisch inspiriert auf unsere Kunstwerke und möchten mit unserer Ausstellung auch andere dazu anregen, ihren Blick darauf neu zu justieren.

Ich freue mich, dass wir unser Projekt in Form des vorliegenden Katalogs einer breiten Leserschaft näher bringen und die Leistung der Studierenden veranschaulichen können. Für ihre kulturhistorische Einleitung in die Themen Mode und Religion danke ich vielmals Prof. Dr. Evelyn Echle, die im Bereich Kultur- und Medientheorie an der Hochschule Pforzheim die Fachbereichsleitung Kunst- und Kulturwissenschaften innehat. Prof. Sybille Klose gilt für ihren Beitrag auch hier mein Dank. Die ästhetischen Fotografien der Entwürfe verdanken wir Kai Loges (die argelola, Stuttgart). Ihm möchte ich ebenso danken wie dem Jan Thorbecke Verlag in der Schwabenverlag AG, namentlich Jürgen Weis.

Von der Kreativität des Büros Demirag profitiert das Diözesanmuseum bei seiner Ausstellungsgestaltung schon seit Jahren. Herzlichen Dank möchte ich daher wieder Hanna Kropp und Markus Braun aussprechen.

Herrn Weihbischof Dr. Schneider danke ich vielmals für die Unterstützung des Projekts sowie für sein Grußwort im Katalog. Schließlich gilt mein besonderer Dank Frau Dr. Daniela Blum, wissenschaftliche Mitarbeiterin im Diözesanmuseum, auf deren Initiative wir den Blick auf die textilen Botschaften unserer Sammlung gerichtet haben und die Ausstellung und Katalog hoch engagiert mit entwickelt und umgesetzt hat.

Dr. Melanie Prange
Leiterin des Diözesanmuseums
Diözesankonservatorin

Beiträge

1. Shaping Faith – Fashioning Splendour

Einführung in die Ausstellung

Daniela Blum / Melanie Prange

Das Thema der historischen Mode ist als Teil des *material turn* in den letzten Jahren in der Geschichtswissenschaft und etwas zeitversetzt auch in den Museen angekommen: Zahlreiche Sonderausstellungen haben die Bedeutung und Funktion von Kleidung und Mode in jüngerer Zeit ausgeleuchtet.[1] Weltweit für Aufsehen sorgte die Ausstellung „Heavenly Bodies: Fashion and the Catholic Imagination"[2], die 2018 im Metropolitan Museum of Art in New York gezeigt wurde. Zu sehen waren einerseits Modeentwürfe der großen europäischen Modehäuser, in denen sich semantische Bezüge zu katholischen Frömmigkeitspraktiken, Traditionen, Ritualen oder Imaginationen finden lassen, andererseits eine beeindruckende Sammlung liturgischer Gewänder, die aus dem Vatikan entliehen war.

Die Neuperspektivierung des Gewandes inspirierte auch zu der Ausstellung „Shaping Faith – Fashioning Splendour". Die biblischen Personen und Heiligen, welche die mittelalterliche Sakralkunst des Diözesanmuseums Rottenburg zeigt, tragen farbenfrohe, ausladende, teils prächtige Gewänder, auffällige Schuhe, Hüte, Kronen oder Schleier und sind auch sonst mit vielerlei

Abb. 1: Innenansicht des Diözesanmuseum Rottenburg mit dem Flügelretabel aus der Pfarrkirche St. Bonifatius in Braunsbach, Schwäbisch Hall, um 1510, Diözesanmuseum Rottenburg, Inv. Nr. 7.4 (Dauerleihgabe Landesmuseum Württemberg)

Textilien und Stoffen dargestellt. Auf vierfache Weise wird nun in dieser Ausstellung der Blick auf die Textilien, Stoffe und Gewänder der mittelalterlichen Kunst gelenkt.

(1) Das gemalte oder geschnitzte Gewand sollte im Mittelalter nicht einfach nur das Auge erfreuen, es besaß in der Sakralkunst wichtige Funktionen und vermittelte zentrale Inhalte. Die Personen der Gemälde und Skulpturen sind in „sprechende Textilien" gehüllt – die Gewänder wollen kommunizieren und fügen sich in die narrative Struktur des Katholizismus ein: üppige Faltenwürfe in den meist blauen Mänteln Mariens, knappe Leinentücher am gekreuzigten Leib Jesu, der geteilte rote Mantel des hl. Martin. Formen und Farben der Textilien vermitteln theologische Aussagen über ihre Trägerinnen und Träger, deren heilsgeschichtliche Funktion oder ihre besondere gnadentheologische Auszeichnung. Die Gewänder transformieren menschliche Körper in Instrumente und Aussagen des Überirdischen; Schönheit und Pracht waren auch ein Zeichen von Heiligkeit. Das Ziel der Ausstellung ist es, einzelne und in dieser Hinsicht besonders „sprechende" Kunstwerke der Sammlung von diesen textilen Botschaften her zu erschließen.[3]

(2) Zum anderen zeigt die mittelalterliche Kunst Heilige und biblische Gestalten in dezidiert mittelalterlichen, also zeitgenössischen Gewändern. Die Könige der Anbetungsszene tragen Kleidung, die wohl als Fantasiemode zu bezeichnen, aber an die zeitgenössische Hofmode angelehnt ist. Dieser Effekt der Verheutigung soll herausgearbeitet werden, indem den Gemälden und Skulpturen zeitgenössische Textilien beigestellt werden.

Um die mittelalterlichen Kunstwerke des Diözesanmuseums in Hinblick auf ihre textile Wirkung zu besprechen und den Effekt der Verheutigung anschaulich zu machen, gelang im Sommersemester 2021 eine Kooperation mit der Hochschule Pforzheim. Acht Studierende des Studiengangs Mode im 3. Semester entwarfen in Auseinandersetzung mit je einem Kunstwerk des Diözesanmuseums zwei Neuentwürfe.[4] Für diesen Designprozess setzten sie sich zunächst mit der Verbindung von Mode und Religion auseinander. Sie recherchierten Entwürfe großer Modehäuser aus den letzten Jahren, denen eine religiöse Semantik eingeschrieben ist. Zu Themen wie „Sakrale Fülle", „Verhüllte Reinheit", „Sinnliche Passion", „Textiler Thron" oder „Erhabener Schutz" sammelten die Studierenden Looks und analysierten, auf welche Weise das Religiöse in der Kleidung zur Bedeutung gelangen kann.

Im Anschluss an diese theoretische Beschäftigung mit der Verbindung von Mode und Religion entschieden sich die Studierenden für je ein Kunstwerk aus der Sammlung des Diözesanmuseums. Nach einer intensiven Bildanalyse entwickelten sie in einem referentiellen Designprozess je zwei modische Neuschöpfungen. Diese beiden Looks sind erkennbar aufeinander bezogen, aber verschieden gestaltet. Die Studierenden setzen sich in ihren Entwürfen ganz unterschiedlich mit den Bildinhalten und Kompositionen auseinander: Manche ließen sich von Farben und Formen der dort zu sehenden Kleidung inspirieren, andere recherchierten auch zu den Heiligen und entwarfen einen für die jeweilige Biographie oder Patronage passenden Neuentwurf, wieder andere nahmen ein Detail des Werkes als Ausgangspunkt oder entwickelten einen Look, der eine aktuelle gesellschaftliche Debatte aufgreift. Immer aber ließen sich die Studierenden von ihren Augen leiten und kehrten im Lauf des Designprozesses zum mittelalterlichen Ausgangswerk zurück, auch um sich am Ende davon zu lösen und etwas Eigenes zu designen.

Die Neuentwürfe der Studierenden werden an Figurinen auf niedrigen Podesten präsentiert, um Kunstwerk und moderne Interpretation im Raum der Dauerausstellung auf Augenhöhe zu bringen. Dabei ließ sich die Kuratierung von der Ausstellung „Heavenly Bodies: Fashion and the Catholic Imagination"[5] im Metropolitan Museum of Art inspirieren. Die dortigen Kuratorinnen und Kuratoren zeigten durch ihr Konzept, wie Kleidung und Liturgie gleichermaßen mit dem

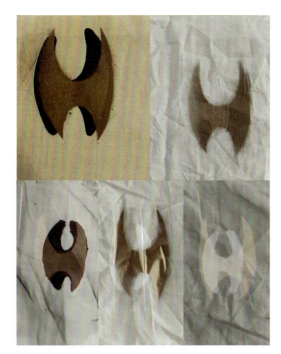

Abb. 2: Planung eines textilen Details, aus der Mappe von Annalena Domke

Performativen spielen und ihre Erhabenheit durch das Zeremonielle erhalten. Inmitten der Museumshallen und zwischen den Hauptwerken mittelalterlicher Kunst standen Entwürfe von Modeikonen wie Dior, Jean-Paul Gaultier, Dolce & Gabbana, Versace und Alexander McQueen. Die Aufstellung ließ gut nachvollziehbar werden, wie Mode und Religion ähnlichen Techniken der Inszenierung folgen: „Mode und Religion feiern die Ikonisierung, leben von der Inszenierung, stimulieren das Ideal, spielen mit Symbolen und Symboliken."[6] Dieser Grundgedanke wurde in der Rottenburger Ausstellung aufgegriffen: Sie zieht bewusst keine Grenzen zwischen sakraler Kunst und modernem Design, sondern eröffnet die Möglichkeit, dass historische wie heutige, gemalte wie geschneiderte Textilien in einen Dialog treten können.

(3) Interessant sind nicht nur die Entwürfe der Studierenden, sondern der Designprozess selbst ist es ebenso und damit die konkrete Auseinandersetzung mit dem mittelalterlichen Werk. Ausgehend von der visuellen Analyse schufen die Studierenden ein Mood- oder Conceptboard für ihr Bild, eine Art Collage, in der sie einerseits die Stimmungen, Bildaussagen und Rechercheergebnisse einfließen ließen, andererseits ihrem eigenen Entwurf eine Aussagerichtung gaben. Im nächsten Schritt entwickelten sie dann erste Ideen und Konzeptionen für die neuen Looks. Ausgehend von den theoretischen Vorüberlegungen begann der praktische Prozess: Die Studierenden leiteten Gestaltungs- und Stilelemente ab, entwickelten Formen, Silhouetten und Details und experimentierten mit Materialien, Farben, Drucken und Oberflächenstrukturen. Der Designprozess beinhaltete auch 3D-Form-Experimente an kleinen Schneiderpuppen sowie 2D-Simulationen am Körper durch Mapping, Spiegelungen und Zeichnungen. In diesem Stadium ging es vor allem darum, eine Gesamtaussage des Entwurfs zu finden, die durch Material, Form und Farbe gleichermaßen transportiert wird und zugleich in Auseinandersetzung mit dem sakralen Ausgangswerk steht, ohne es einfach zu replizieren.

Der Designprozess veranschaulicht die Ernsthaftigkeit, Energie und Kreativität, mit der sich die Studierenden mit der mittelalterlichen Kunst auseinandergesetzt haben. Daher war es ein Anliegen, diesen Prozess anschaulich zu machen, hier im Katalog[7], aber auch in der Ausstellung

Abb. 3: Materialproben, aus der Mappe von Melis Ögünc

durch einen zum Atelier umgestalteten Sonderausstellungsraum, in dem jedem Entwurf ein Arbeitstisch gewidmet ist, auf dem sich einzelne Schritte des Designprozesses abbilden und auf dem Material-, Form-, Drappier- und Stoffproben liegen. Die haptische, ja handwerkliche Qualität des Arbeitens mit Stoffen wird in diesem Raum besonders anschaulich.

(4) In einem zweiten Kurs des Fachbereichs Mode wurden Grundkenntnisse der Modedesign-Software CLO 3D vermittelt, die zur Veranschaulichung lebensechter Kleidungsstücke eingesetzt wird.[8] Die Studierenden hatten die Aufgabe, mithilfe der Software drei Designs eines liturgischen Gewandes für geistliche Würdenträger und Würdenträgerinnen im Jahr 2121 zu entwickeln und im Detail auszuarbeiten. Die Entwürfe der Studierenden orientieren sich jeweils an einem Thema oder Motto, das die Studierenden frei wählten konnten, und schillern zwischen einem futuristischen Design, liturgischer Ästhetik und ausgearbeiteter Materialität.

Die von den Studierenden entwickelten 3D-Animationen werden auf einem großen Bildschirm in der Schatzkammer des Diözesanmuseums gezeigt, wodurch ein direkter Bezug zwischen den traditionellen Paramenten und den futuristischen Formen möglich wird.[9]

Anmerkungen

1 Vgl. dafür nur in jüngster Zeit Dress Code 2021 (Ausst. Kat.); Fashion?! 2020 (Ausst. Kat.).
2 Vgl. Heavenly Bodies 2018 (Ausst. Kat.).
3 In der Ausstellung selbst gelingt das durch Texttafeln, vgl. hier die beispielhaften Analysen in Kap. 5.
4 Begleitet wurden die Studierenden von Prof. Sibylle Klose. Vgl. zum Designprozess auch Kap. 3, S. 36–39.
5 Vgl. Heavenly Bodies 2018 (Ausst. Kat.).
6 So beschreibt Prof. Sibylle Klose die Analogien in Kopf 2021.
7 Vgl. Kap 6.
8 Begleitet wurden die Studierenden in diesem Kurs von Prof. Claudia Throm und Dipl. Ing. Bernhard Gruber-Ballehr. Das Programm hat den Vorteil, auch extreme Formen entwickeln und abbilden zu können.
9 Vgl. die liturgischen Gewänder und dazu entwickelten Moodboards in Kap. 7.

Literatur

Dress Code. Das Spiel mit der Mode. Eine Ausstellung des National Museum of Modern Art, Kyoto, und des Kyoto Costume Institute in Kooperation mit der Bundeskunsthalle (Ausst. Kat. Bundeskunsthalle Bonn, 21. Mai bis 12. September 2021), hg. von Katja Andreae u. a., Bonn 2021.

Fashion?! Was Mode zu Mode macht (Ausst. Kat. Landesmuseum Württemberg, 24. Oktober 2020 bis 24. April 2022), hg. von Marie Helbing, Maaike van Rijn und Raffaela Sulzner für das Landesmuseum Württemberg, Stuttgart 2020.

Heavenly Bodies. Fashion and the Catholic Imagination (Ausst. Kat. The Metropolitan Art Museum New York, 10. Mai bis 8. Oktober 2018), hg. von Andrew Bolton u. a., 2 Bde., New Haven / London 2018.

Kopf, Edith: Pforzheimer Designer zeigen ihre Mode im Rottenburger Diözesanmuseum, in: Badische Neueste Nachrichten, 20. August 2021.

2. Symbolkraft und diskursive Verwebungen

Mode und Sakralität aus kulturgeschichtlicher Perspektive

Evelyn Echle

„Schönheit und Kunst sind seit Jahrhunderten untrennbare Schwestern des Glaubens und der christlichen Liturgie", stellt Kardinal Gianfranco Ravasi fest.[1] In dieses Verwandtschaftsverhältnis reiht sich auch die Mode ein. Denn die Überschneidung von Sakralität und Mode – von Himmlischem und Profanem, Diesseitigem und Jenseitigem – kann ebenso auf eine lange Geschichte blicken, die komplex und manches Mal nicht unumstritten ist. Im Zusammenspiel resultieren daraus beeindruckende modische Innovationen. So verwundert es nicht, dass die Kostümabteilung des Metropolitan Museum of Art ihre Frühjahrsausstellung 2018 dem Dialog zwischen Mode und Traditionen des Katholizismus widmete. Das italienische Modehaus Versace trat als Hauptsponsor von „Heavenly Bodies. Fashion and the Catholic Imagination" auf, was nach Angaben von Donatella Versace lediglich eine logische Konsequenz der eigenen Unternehmensgeschichte ist:

> „In Italian fashion, religion has always had a strong influence on creativity and the imagination, reflecting its importance to our history and culture. […] Religious festivities formed the backdrop of our daily lives, and we were inevitably inspired by the power of their symbols and imaginary. Over the years, Catholic icons have embellished many of our groundbreaking collections, appearing on prints and in embroideries and handcrafted, gemlike crystals."[2]

Neben dieser Einzel-Inspiration verdeutlicht die Erkundung der komplexen Auseinandersetzung der Mode mit den großen Kunstwerken und Artefakten des Glaubens und der religiösen Praxis opulent, wie Kleidung als vestimentäre Kodierung funktioniert. Seit der Antike haben religiöse Überzeugungen und Praktiken viele Meisterwerke inspiriert und ihre Strahlkraft wiederum auf die Mode übertragen. Dabei ist die Verbindung zwischen sakralen Artefakten und ihren modischen Ausdrucksformen immer auch eine Auseinandersetzung der Mode mit der Vorstellung des Göttlichen, des Transzendenten. Aus kulturgeschichtlicher Perspektive ist die Analyse von Mode und Sakralität deshalb besonders interessant, verrät die Kleidung doch viel über den Zustand von Religion und Spiritualität in der zeitgenössischen Kultur. Darüber zeigt sich ebenso, wie sich Werte und Ideologien manifestieren oder eben gerade durch vestimentäre Umformungen unterlaufen werden können. Gleichzeitig ist das Zusammenspiel unweigerlich mit einem kulturellen Kanon verwoben, dessen Mythen und Geschichten die Innovationskraft von Mode und Sakralität widerspiegeln. Teil dieses Kanons sind Kleider, Accessoires und Juwelen, um Gläubigen eine Ahnung von der divinen Pracht zu vermitteln und sie mit Geschichten in ihren Bann zu ziehen. So wie Kirchenfenster Begebenheiten aus der Bibel abbilden, so regen Farben, Stoffe und Motive der kirchlichen Gewänder die Vorstellungskraft an. Neben der heutzutage nicht unkritisch hingenommenen Opulenz gibt es auch Strömungen der Bescheidenheit, die die grundständige Form der klerikalen Kleidung als Ausdruck einer besonderen geistigen oder professionellen Haltung nicht ausblenden möchte. So setzt etwa die Modelinie „Casual Priest" der schwedischen Designerin Maria Sjödin moderne Entwürfe klerikaler Kleidung um, präsentiert tätowierte Models mit Kollarhemden und Lederjacken. Das Mission Statement Sjödins sagt dabei viel über die Erwartungshaltung an Klerus und Kleidung aus: „The challenge when I design attire for priests and deacons is to create practical pieces that look good, are simple and timeless, whilst mediating self-value and confidence." In diesem Sinne addiert Maria Sjödin zum Textilen als Funktion von Identität und (Status-)Symbol noch eine dynamische, modeabhängige Ebene. Diese Engführung deckt sich mit einer grundlegenden Definition von Kleidung, die aus soziologischer Sicht stets nicht nur das Bedürfnis nach Schutz und Wärme für den eigenen Körper erfüllt, sondern eben auch ein intrinsisches Bedürfnis nach ästhetischer und sozialer Gestaltung des Selbst, woraus sich ja gerade das Selbstverständnis von Mode überhaupt erst herleiten lässt.[3] Der Begriff der Mode wird im Deutschen im 17. Jahrhundert üblich, indem er aus dem Französischen übernommen wird, wo *mode* – vom Lateinischen *modus* abgeleitet – allgemein die Sitte oder die Art und Weise benennt.[4] Die Breite dieser Auffächerung zeigt, wie wenig sich das Thema Mode und Sakralität über enge Grenzziehungen diskutieren lässt, vielmehr ist eine Beschäftigung damit stets ein interdisziplinäres Unterfangen.

Ritual, Material und Medium

Die strukturellen Analogien zwischen Mode und Sakralem sind evident. In beiden Systemen wirkt eine bestimmte Symbolkraft, deren diskursive Verwebungen aufeinander verweisen, beispielsweise in sprechenden Ausdrücken wie „Modepäpste" oder „Modebibel". Mode symbolisiert die Dichotomie von Zugehörigkeit (Homogenisierung) und gleichzeitiger Individualisierung (Differenzierung). Kleidung kann normierenden Charakter haben wie die Ordenstracht, das Priestergewand oder im Gestus der sozialgeschichtlich-geografisch unterschiedlichen *rites de passage* (weißes Hochzeitskleid, schwarze Trauerkleidung). Gerade der Eintritt in die Ordenswelt verdichtet sich in entsprechenden Metaphern wie „das Kleid empfangen" oder „das Kleid nehmen", die interessanterweise in fast allen europäischen Sprachen sinnbildlich ähnlich auftauchen.[5] Über den lateinischen Ursprung *vestire* (bekleiden) ist die Praxis der Investitur heute auch außerhalb des klerikalen Kontexts, beispielsweise im universitären Feld, noch üblich. Mit Roland Barthes setzte sich die Ansicht durch, über die Darstellung von Gegenständen wie Kleider und Schmuck könne ein Zugang zu den „Mythen des Alltags" (1964) vermittelt werden und somit eine Freilegung der in der Populärkultur verankerten Ideologien erfolgen. In einem seiner späteren Werke differenziert Barthes seine Gedanken aus und umschreibt Mode als Kommunikationsakt:

> „Mit dem Übergang zur schriftlichen Kommunikation wird die Mode zu einem autonomen kulturellen Objekt mit eigener Struktur und wahrscheinlich auch neuer Zielsetzung; die sozialen Funktionen, die der Kleidermode gewöhnlich beigelegt werden, werden durch andere ersetzt oder ergänzt, die denen der Literatur insgesamt analog sind und die sich in wenigen Worten wiedergeben lassen: seitdem die Mode von der Sprache übernommen wurde, ist sie *Erzählung*."[6]

Die Engführung Barthes ist kein Zufall: Das lateinische *textura* (Gewebe) ist der Ursprung unserer Worte „textil" und „Text". Die metaphorische Bedeutung des „gewebten Textes" als *textus* (Gewebe, *texere* = weben) spielt seit der Antike eine zentrale Rolle. Spezifische Techniken wie Weben und Spinnen stehen traditionell auch für Ordnungsvorstellungen wie Schicksal oder das „Weltgewebe".[7] Eine besondere Eigenschaft von Textilien ist, dass sie Bild und Medium zugleich sein können, was im sakralen Kontext äußerst sinnfällig wird. Textilien können zunächst also als materielle Träger von bildlichen und schriftlichen Zeichen definiert werden, die dazu dienen, politische, religiöse oder öffentliche Botschaften auszudrücken. In dieser Definition zeigt

Abb. 4: Shooting, aus der Mappe von Lennart Bohle

sich das strukturelle Wesen von Textilien in ihrer Materialität, wobei der Schwerpunkt auf der spezifischen Oberfläche von Kleidung, Stickereien oder auch jener der Leinwand liegt. Somit ist zunächst weder die Form noch die Bedeutung der visuellen Zeichen (Worte, Symbole, Geschichtsbilder usw.) in ihrer Struktur und Zusammensetzung typisch medienspezifisch, sondern sie werden lediglich auf ein Material aufgebracht. Die Materialität der Textilien ist bedeutsam für ihre Eignung in Hinblick auf ein bestimmtes Kommunikationsziel. Es zeigt sich, dass ein und dasselbe Motiv je nach den verwendeten handwerklichen Fähigkeiten und Techniken eine andere Wirkung hat.[8] Von großer Bedeutung sind auch die Kontexte, aus denen heraus wiederum formale Traditionen entstehen und die sich auf das textile Medium beziehen, was sich an liturgischen Gewändern besonders abzeichnet. Als Material und Medium stellt die Kleidung einen der ältesten und wichtigsten Bereiche der Kulturgeschichte dar, sowohl in funktionaler als auch in ästhetischer Hinsicht. Jedem Textil wohnt eine konstitutive Medienspezifität inne, deren Eigenschaften sich aus dem Zusammenspiel von Materialität und Nutzungskontext ergeben. Dies hat die neuere Forschung zur materiellen Kultur, die künstlerisches Handwerk als eine Form des ästhetischen Denkens begreift, eindrucksvoll gezeigt.

Mode und Kleidung bilden seit jeher wichtige Kommunikationsmittel, vor allem und gerade im sakralen Kontext. „Maria, breit den Mantel aus" lautet der Titel eines der bekanntesten Marienlieder, dessen Ursprung sich bis 1640 zurückverfolgen lässt. Der Mantel steht hier nicht nur sinnbildlich als Schutz, sondern ist eines der markantesten Kleidungsstücke der Gewand- und Farballegorese. Der Gottesmutter Maria ist dieses Kleidungsstück als Schutzmantel eingeschrieben. Das Blau des Gewandstoffes spiegelt die Farbe des Firmaments als Symbol des Himmlischen wider; in seiner roten Ausführung steht der Mantel für Empathie, Zuflucht, Mitleid und Liebe. Darstellungen zeigen Maria Magdalena unter dem Kreuz ebenfalls typisch mit einem Mantel, der sie mit verrutschtem Stoff an den Schultern als Bußheilige kennzeichnet. In der Legende von Sankt Martin avanciert das Kleidungsstück gar zum apotheotischen Mittelpunkt der Mantelteilungs-Szene und als „Cappa des Heiligen der Barmherzigkeit" wurden Überreste der Gewandung lange als eine der bedeutendsten Reliquien verehrt. Die Aufladung von Textilien mit Heils- und Gnadenkräften wie beispielsweise Tücher als Kontaktreliquien finden sich im Christentum häufig. Kleidung und Handlungen mit Kleidung sind immer auf ihren symbolischen Sinngehalt hin zu deuten. Die Darstellung von Heiligen folgt einer zentralen Kodierung, die ebenso tradiert wie kulturgeschichtlich zu entschlüsseln ist. „Die Art der Gewanddarstellung, Farbe und Länge des Gewandes, seine Verzierungen, Kopfbedeckungen oder andere Details stehen als Zeichenvorrat einer medialen Kategorie, die der Vita und der damit verbundenen Rollenerwartung der Heiligenfiguren entspricht", so die Modehistorikerin Silke Geppert.[9] Dabei erzählen Heiligendarstellungen nicht nur religiöse Inhalte; ihre von den Künstlern gewählte Gewandung gibt auch Aufschluss über Kunst- und Modetrends der Zeit, in der die Abbildung geschaffen wurde.

Wie bei kaum einer anderen vestimentären Form kommen in der sakralen Mode Kunst- und Kostümgeschichte auf so wirkungsvolle Art und Weise zusammen. Die Kirche war neben dem Adel einer der großen Arbeitgeber für Malerinnen und Maler, Heiligendarstellungen und biblische Szenen sind dementsprechend in einigen Epochen der Kunstgeschichte dominierende Sujets und bis heute wirkmächtige Bildzeugnisse. Allerdings ist der Gegenstand nicht in die üblichen Kategorien der Modebeschreibung einzuordnen, da in der sakralen Manifestation symbolisches, erzählendes und kultisches Bildwerk zusammenfallen. Hans Rohrmann geht in diesem Kontext der Begriffsgeschichte der Sakralität nach:

„Sakralität steht für die Manifestation und Repräsentation des (transzendenten) Göttlichen, für die Sichtbarmachung unsichtbarer Heilsgegenwart. Sie steht vermittelnd zwischen der realen, objektiv sinnlich wahrnehmbaren Welt und dem Übersinnlichen: Jenem, dessen Existenz angenommen, vermutet und geglaubt, zumindest nicht vollständig negiert, bisweilen aber auch proklamiert wird."[10]

Die Darstellung des Vestimentären und die Kirchengewänder sollen helfen, diese Manifestation und Repräsentation des (transzendenten) Göttlichen zu evozieren und irdisch konkret werden zu lassen. Über das liturgische Gewand lässt sich durch kunsthistorische Betrachtungen viel erfahren. Fresken und Mosaike früher christlicher Jahrhunderte zeigen das zur Eucharistiefeier bestimmte priesterliche Gewand als mantelartiges Oberkleid, Kasula genannt; vervollständigt wird die sakrale Gewandung mit den weiteren Insignien Stola und Manipel. Auch wenn diese tradierte Schnittform der Kasula für Viele auf den ersten Blick mehr Konvention als Mode ist, lassen sich im Laufe der Zeit doch verschiedene Stilmerkmale ausmachen:

„Aus den Gegebenheiten eines Landes, seinem Klima, seinem Form- und Kleidempfinden, den textilen Möglichkeiten und der besonderen Art die Stoffe herzustellen, entwickelt sich der Kleidstil. Man wird sich immer und überall des antiken Kultgewandes bemächtigen, wird es umformen zu seinem eigenen, in der Zeit stehenden sakralen Feierkleid, das zeichenhaft am Altare steht. Im Frohlocken muß diese priesterliche Verhüllung immer neu gedacht, neu geschaffen werden."[11]

So schreibt Sr. Augustina Flüeler, die in den 1950er Jahren als eine der führenden Paramenten- und Posamentenkünstlerinnen galt und sich für die Erneuerung des Sakralgewandes bezüglich Stoff, Farbe und Ornamentik einsetzte. Auch hier zeigt sich der interdisziplinäre Austausch in der Beschäftigung mit Mode und Sakralität, orientierte sie sich doch vor allem an der byzantinischen Kunst, dem modernen Kirchenbau und eben an den in Museen zugänglichen Kunstwerken.[12] Die Vergegenwärtigung der kirchlichen Kultur im Kunstschaffen der Vergangenheit als Ausdruck für das eigene kulturelle Selbstverständnis kommt hierbei deutlich zum Tragen.

Gleichzeitig erinnert die theoretische Beschäftigung von Sr. Augustina Flüeler auch daran, wie sehr die künstlerische Praxis der Paramentenfertigung mit der Handarbeit von Frauen zusammenhängt. Oft handelte es sich um Schülerinnen, Nonnen, Novizinnen, die filigrane Muster in prächtige Stoffe webten oder Fäden und Pailletten applizierten. Sie übertrugen und übertragen noch heute die Ikonografie der Kirche auf die Kleidung der Würdenträger. Auch hier lässt sich in der strukturellen Analogie wieder an die Mode denken, finden sich doch in den Ateliers der großen Modehäuser ebenfalls überwiegend Schneiderinnen und Stickerinnen, die in kleinteiliger Handarbeit die Skizzen der Couturiers realisieren und innerhalb des Haute-Couture-Zirkels den Beinamen *petites mains* – kleine Hände – tragen. Sich mit Mode und Sakralität zu beschäftigen, zeigt in diesem Zusammenhang die enorme Bedeutung der Handwerkskunst und des intrinsischen Wissens. Sowohl für Paramente als auch für die Mode der Haute Couture braucht es ein hohes Maß an Expertise über Techniken zur Erzielung bestimmter Effekte, Kenntnisse über Stoffe und Konstruktionsmethoden für die gewünschte Silhouette – eine Suche, an deren Ende nicht selten die Innovation steht. Paramente und Haute Couture weisen kulturgeschichtlich Parallelen im Bereich der Zeremoniegewänder auf: In beiden Fällen werden zyklisch Grenzüberschreitungen zelebriert. Mit ihrem Fantasiereichtum, der Detailtreue und einer allumfassenden handwerklichen Hingabe sind beide fähig, die konkrete Sinnenwelt mit der Welt der Ideen als gestaltete Pracht zu vereinen.

Anmerkungen

1 Ravasi 2018, S. 27 (Übers. E. E.).
2 Versace 2018, S. 7.
3 Vgl. Crane 2000.
4 Vgl. Diers 2010, S. 210.
5 Vgl. Signori 2012, S. 33–51.
6 Vgl. Barthes 1985 [1967], S. 283 (Hervorhebung im Original).
7 Vgl. Kuchenbuch / Kleine 2006; Echle (im Druck).
8 Vgl. Weddigen 2011.
9 Geppert 2013, S. 23.
10 Rohrmann 2013, S. 62.
11 Flüeler 1964, S. 13.
12 „Wer ‚modern‘ gestaltet wie Sr. Augustina, wird automatisch jenen ältesten Kirchengewändern nahe kommen, die uns aus den Mosaiken frühchristlicher Kirchen bekannt sind. Diese Verwandtschaft kam durch eine innere Haltung zustande; sie beruht nicht auf historisierender Imitation. Gleichwohl darf hier beigefügt werden, daß Sr. Augustina mit dem Skizzenbuch in der Hand eifrig die alten Paramente in den Museen und auf bildlichen Darstellungen notiert, auf Schnitt und Technik untersucht", so Reinle 1957, S. 209. Sr. Flüeler wurde 1955 mit der Goldmedaille für christliche Kunst in Wien und 1974 mit dem Schindler-Kulturpreis geehrt.

Literatur

Barthes, Roland: Die Sprache der Mode, Frankfurt a. M. 1985 [frz. Originalausgabe 1967].
Crane, Diana: Fashion and Its Social Agendas. Class, Gender, and Identity in Clothing, Chicago / London 2000.
Diers, Michael: Mode im Bild, Modus des Bildes. Dargestellte Kleidung und die Selbstreflexion der Kunst, in: Philipp Zitzlsperger (Hg.): Kleidung im Bild. Zur Ikonologie dargestellter Gewandung (Textile Studies 1), Emsdetten / Berlin 2010, S. 195–211.

Echle, Evelyn: Sensuous-Rebellious Experiences. Textiles and Expanded Cinema, in: Pavel Liška / Robin R. Mudry (Hg.): TEXTile Manifestoes, Prag 2021 (im Druck).

Flüeler, Sr. Augustina: Das sakrale Gewand, Zürich 1964.

Geppert, Silke: Mode unter dem Kreuz. Kleiderkommunikation im christlichen Kult, Salzburg 2013.

Kuchenbuch, Ludolf / Kleine, Uta (Hg.): ›Textus‹ im Mittelalter. Komponenten und Situationen des Wortgebrauchs im schriftsemantischen Feld (Veröffentlichungen des Max-Planck-Instituts für Geschichte 216), Göttingen 2006.

Ravasi, Gianfranco: On Priestly Garments, in: Heavenly Bodies. Fashion and the Catholic Imagination (Ausst. Kat. The Metropolitan Art Museum New York, 10. Mai bis 8. Oktober 2018), hg. von Andrew Bolton u. a., Bd. 1: The Vatican Collection, hg. von Andrew Bolton u. a., New Haven / London 2018, S. 26–27.

Reinle, Adolf: Paramente der Schwester Augustina Flüeler, in: Das Werk 44/6, 1957, S. 208–210.

Rohrmann, Hans: Sakralität in der Säkularität. Von der Anmutung der Heiligkeit zum raumatmosphärischen Stimmungswert, in: Kritische Berichte 41/2, 2013, S. 60–68 (https://doi.org/10.11588/kb.2013.2.70607 [17.11.2021]).

Signori, Gabriela: Vom Ziegenfell zur Ordenstracht. Zum Bedeutungswandel des Mönchsgewands. Bilder und Texte, in: David Ganz / Marius Rimmele (Hg.): Kleider machen Bilder. Vormoderne Strategien vestimentärer Bildsprache (Textile Studies 4), Emsdetten / Berlin 2012, S. 33–51.

Versace, Donatella: Sponsors' Statement, in: Heavenly Bodies. Fashion and the Catholic Imagination (Ausst. Kat. The Metropolitan Art Museum New York, 10. Mai bis 8. Oktober 2018), hg. von Andrew Bolton u. a., Bd. 1: The Vatican Collection, New Haven / London 2018, S. 7.

Weddigen, Tristan (Hg.): Unfolding the Textile Medium in Early Modern Art and Literature (Textile Studies 3), Emsdetten / Berlin 2011.

3. Mode im Spiegel vestimentärer Referenzen

Sibylle Klose

Mode im aktuellen Blitzlicht

Die Corona Pandemie 2020/21 machte es möglich: Das wirtschaftliche System der Mode ist ausgebremst worden – zumindest für den Moment. Allerdings ist die Mode bereits seit Längerem massiv in die öffentliche Kritik geraten: Negativschlagzeilen mit politischen, ethischen und moralischen Vorwürfen wie Ökozid, Überproduktion, Ausbeutung, aber auch kulturelle Aneignung und Rassismus überrollen die einstige Welt der Hochglanz-Celebrities. Die als achtlos, schamlos-ausschweifend und verschwenderisch angeklagte Mode-Branche ist ins Abseits gerückt und muss sich nun ihren eigenen Zeitgeistern stellen.

Trotz begrenzter Laufstegpräsenz mit gleichzeitig reduzierterem Kollektionsvolumen haben sich die digitalen Bilder der Mode – nun noch erweitert um animierte Kurzvideos – jedoch nicht wirklich reduziert. Digitale Impressionen über modische Updates werden noch in Echtzeit multiverlinkt und transvernetzt gepostet. Als Aktualitätsbeweis werden sie auf Facebook, Instagram, Snapchat und Twitter platziert, kommentiert und gleich bewertet. Mehr denn je multiplizieren sie sich um ein Vielfaches in den sozialen Netzwerken und lassen die einschlägigen Medienplattformen geradezu implodieren – nicht einmal(ig), sondern inzwischen kontinuierlich. Links und digitale Vernetzungen bis hin zu Algorithmen akkumulieren und verdichten die Bilderflut derart, dass die Mode sich selbst mit ihren eigenen Bildern um ein Vielfaches überblendet. Das visuelle Konglomerat an Stilen hat die Konturen der Mode(n) in einer Endlos-Schleife aufgelöst und lässt sie hyper-inflationär werden. Noch ist die Existenzform der Mode die Rasanz.

Mode und Religion – die Art, auf und in die Welt zu schauen

Es überrascht daher nicht und spiegelt eine eher weitverbreitete Annahme wider, dass Mode und Religion nicht miteinander vereinbar seien, ja sogar in einer Form des diametralen Antagonismus zueinanderstehen würden: Das sich immer wieder selbst Erneuernde steht dem Ewigen gegenüber, der blendende Schein dem wahren Sein, das frivol Anstößige dem tiefsinnig Wahrhaftigen und das Profane der Transzendenz. Die Mode verführt zur Überheblichkeit, die Religion mahnt zur Demut, die Mode zelebriert den Körper, die Religion die Seele. Die offensichtlichen Unterschiede zwischen Mode und Religion haben sogar zu der Hypothese geführt, dass die wachsende Bedeutung der Mode mit dem Verblassen der Religion zusammenhängen könnte.[1]

Welche Rolle, welche Form nimmt nun die textilgewordene Haltung in dieser Dynamik ein – sowohl für die Mode wie auch für die Religion? Bei allem offenkundigen Dualismus fällt beim näheren Hinsehen auf, dass beide Bereiche auf die gleiche Wortwahl zurückgreifen, wenn sie ihre systemeigenen Dynamiken beschreiben. Beide „Welt-Anschauungen" pflegen den Kult, zelebrieren Rituale, feiern die Ikonisierung, leben von der Inszenierung, wirken durch die Performance, stimulieren das Ideal und spielen mit Symbolen und Symboliken – also doch mehr Konvergenz als Divergenz? Haben die Art, wie beide Bereiche auf und in die Welt schauen, ähnliche Formate, vergleichbare Systematiken, verwandte Techniken? Haben sie letztendlich mehr verbindende Elemente als gemeinhin angenommen?

Silke Geppert führt aus, dass das System Mode immer in einer Art enger Verbundenheit zum klerikalen System stand. Mit dem Beginn der Moderne habe auch die Säkularisierung Einzug gehalten und damit Wertesysteme, welche immer weiter von den geistlichen Vorgaben wegrückten: Die Mode zelebrierte ihre frivole Ausgelassenheit und genoss es auch „anstößig" zu sein.[2] Trotz der offensichtlichen Kluft schien ein „Sich-in-Beziehung-Setzen" wohl ein wichtiger Moment geblieben zu sein. Kruzifixe wurden zum modischen Lieblingssymbol auf Laufstegen und in Subkulturen, wenn auch inhaltslos; durch einschlägige Begrifflichkeiten wie Modesünden oder Style-Ikonen wurde die Beziehung „semantisch-ambivalent" aufrechterhalten.

In seinem jüngst veröffentlichen Buch „Fashion Theology" legt Robert Covolo dar, dass Augustinus (354–430) bereits vor mehr als einem Jahrtausend die Kleidung als ein in komplexen Gesellschaften wirkendes Zeichensystem beschrieb[3] – lange bevor die Mode zur Theorie und somit zur wissenschaftlichen Disziplin wurde. Covolo sieht eine komplexe Beziehung zwischen dem christlichen Glauben und der Moderne mit ihren vestimentären Dynamiken und Ausdrucksformen. Die Modetheorie habe diese allerdings weitgehend außen vorgelassen, lediglich bei moralischen Konflikten und ihren Auswirkungen sei sie in eine oberflächliche Auseinandersetzung gegangen. Im gleichen Atemzug kritisiert er, dass Theologinnen und Theologen wiederum die Mode als bloße Manifestation von Eitelkeit und Unbescheidenheit abtun würden. Zahlreiche akademische Disziplinen haben es als wichtig und gewinnbringend erachtet, die Mode zum Gegenstand der eigenen wissenschaftlichen Untersuchung zu machen, nur die Theologie vernachlässige diese. Seine Ausführungen zeigen auf, dass beide Disziplinen mehr gemeinsame Berührungs-, Diskussions- und Forschungspunkte haben, als ursprünglich angenommen wird.

Mode, Religion und Provokation

Mode als kulturelle Praxis, als visualisierte, vestimentäre oder auch textil-gewordene Haltung dynamisiert sich selbst aus ihrem autopoetischen System heraus. Georg Simmel[4] beschrieb diese Dynamik bereits 1905 in seinem Essay „Philosophie der Mode" und legte dar, dass Mode als ein anthropologischer Dualismus zwischen Anpassung und Abgrenzung zu verstehen sei. Daraus erklärt sich auch der suizidale Charakter, der der Mode per se innewohnt.

Sowohl für den Habitus der Anpassung wie auch für den der Abgrenzung hat die Mode unterschiedliche Strategien entwickelt. Formen der Abgrenzungen sind u. a. die Distinktion, das Ideal, die Selbst-Erhöhung bis hin zur Selbst-Inszenierung, aber auch die Provokation. Diesbezüglich kann die Modegeschichte mit vielen illustren Beispielen glänzen: mit Moden der Überreizung, des Protests oder der Provokation ebenso wie mit ästhetischem Eskapismus oder visuell-provozierender Devianz. Allem voran steht die Stilrichtung des Punks, einem der prägnantesten Beispiele aus dem Bereich der *political fashion*. Aber auch stark religiös geprägte Codes, Normen, Traditionen, Gewohnheiten oder Vorschriften wurden zum geeignetem Schau-Platz erklärt, um in die visuelle, vestimentäre Opposition zu gehen, wie Robert Covolo in „Fashion Theology" attestiert:[5] Gerade wenn es um moralische Konfliktthemen gehe, bediene sich die Mode gerne bei der Religion. In diesem Zusammenhang stellt sich allerdings die Frage, ob Provokation um der Provokation willen eingesetzt wird oder über einen reinen Selbstzweck hinausgeht – also Provokation als Werkzeug, um bewusst offene Fragen zu stellen, die keine schnel-

Abb. 6: Materialproben, aus der Mappe von Sebastian Adam

len Antworten ermöglichen. Bonnie English sieht darin die Aufgabe des postmodernen Designs, es solle bewusst mehr Fragen aufwerfen, als es Antworten geben könne.[6]

1996 präsentierte Hussein Chalayan, ein in London lebender, britischer Modedesigner türkisch-zyprischer Herkunft, unter dem Titel „Burka" eine Serie von schwarzen Ganz-Körperschleier-Gewändern in derart extremen Längenunterschieden, dass einige Modells mehr nackt als angezogen auf dem Laufsteg erschienen. Die Motivation des Designers war es, nicht nur provokativ muslimische Praktiken in Frage zu stellen, sondern auch deren tradierte Vorstellungen von Verschleierung, Weiblichkeit, Identität und Nationalität. Gleichzeitig konfrontierte er mit konstruierten kulturellen Codes, den damit verbundenen Konnotationen wie Bescheidenheit, Demut sowie Frömmigkeit und setzte diese den voyeuristischen Blicken aus – zum Unbehagen der Trägerin und des Betrachters.

Was Mitte der Neunzigerjahre noch möglich war – und als innovativ-künstlerische, gesellschaftskritische Performance galt –, wäre heute, spätestens aber seit den „Charlie Hebdo"-Attentaten von 2015 in Paris undenkbar. Die Mode – einst frivole, verschwenderische und sorglose Branche – ist inzwischen sehr vorsichtig geworden mit Provokationen, nicht nur in ethisch-religiösen Zusammenhängen. Die medialen Vorwürfe, Demonstrationen und Shitstorms der letzten Jahre haben der Mode massiv ihre dekadenten Freizügigkeiten vorgeworfen und sie in ihre ethisch-moralischen Schranken verwiesen.

Mode, Religion und Inspiration

Ornamente, Motive, Zitate, Sinn- und Abbilder Heiliger, Altarbilder, Schreine, Kruzifixe – die Religion und insbesondere auch das Christentum mit seinen reichen theologischen Bild- und Symbolwelten ist eine willkommene Fundgrube für die Mode. Die Kreationen finden sich immer wieder und in vielfältiger Weise auf den Laufstegen – ob im *menswear* oder *womenswear*, ob in der Haute Couture oder der preiswerten Massenproduktion, ob für Red-Carpet-Looks oder im Sportswear, die Möglichkeiten sind grenzenlos, die Kollektionensegmente offen, die Stile zugänglich und die Ästhetiken unmissverständlich, vor nichts wird Halt gemacht, auch Lingerie und Swimwear machen mit.

Gleichwohl scheint es einige „Lieblingsbereiche" zu geben, wie z. B. die Madonnendarstellungen: Jean-Paul Gaultier schickte mit der Haute-Couture-Kollektion für Frühjahr/Sommer 2007 eine ganze Kohorte von Madonnen-Looks auf den Laufsteg unter musikalischer Begleitung von Pop-Ikone Madonna und ihrem Song „Like a Virgin". Guo Pei tat es ihm gleich mit der Haute-Couture-Kollektion Frühjahr/Sommer 2017. In reduzierter Version machten dies auch Christian Lacroix mit der Haute-Couture-Kollektion 2009/10 oder Franck Sorbier mit seiner Couture-Kollektion Frühjahr/Sommer 2007.

Der „Nonnen-Look" ist ebenso beliebt und wird immer wieder visuell neu interpretiert: Tyell Miras präsentierte beispielsweise eine komplette Schwarz-Weiß-Serie inklusive großflächiger Digitalprints eines Nonnengesichtes (Herbst/Winter 2016). Moschino ironisierte und kategorisierte gleich das Good-Girl und das Bad-Girl (Frühjahr/Sommer 2013) und Saint Laurent – in alter Manier schick und elegant – übernahm Hauben und Accessoires in abgemilderter, modifizierter Form (Herbst/Winter 2010).

Jeremy Scott propagierte die Losung „Enjoy God" im Coca-Cola-Look (Herbst/Winter 2011). In ihrer Herbst/Winter-Kollektion 2014 vereinten Dolce & Gabbana per aufgedruckten Slogans die „Fashion Devotion" mit der „Santa Moda" und proklamierten die Fashionista der „Fashion Sinner" – üppig dekoriert mit Kreuzen und Altarmotiven. Dolce & Gabbana hat sich ohnehin den sizilianischen Katholizismus in ihre Marken-DNA eingeschrieben und garantiert daher regelmäßig Kollektionen mit verlässlich-ästhetischen Spiegelungen und Reminiszenzen: ob Fresken, Madonnen und Heiligenfiguren, Altarbildern, Passionen, Wallfahrten oder einfach nur die vestimentären Kodierungen der Ordenstrachten. Und wenn das Kollektionsthema entschieden ist, dann werden gleich in voller Pracht und Herrlichkeit die üppig ausgeschmückten und dekorierten Looks mit entsprechender Inszenierung derart eindrucksvoll auf den Laufsteg geschickt, dass die ein oder andere Kathedrale – ursprünglich Inspirationsquelle – ganz blass erscheint: die Herbst/Winter-Kollektion 2013, angelehnt an die sizilische Kathedrale von Monreale, die Herbst/Winter-Kollektion 2012, inspiriert von der Madonna Addolorata Sansevero, oder die Herbst/Winter-Couture-Kollektion Alta Matoria 2017. Auch Chanel macht mit: Die Pre-Herbst-Kollektion 2011 interpretierte byzantinische Fresken, Ornamente und Motive neu und übernahm teilweise Proportionen aus der Historie.

Was allerdings auffällt: Nur wenige Kollektionen beschäftigen sich intensiver mit sakralen Semantiken, deren Inhalte und Charakteristika. Das orange Cocktail-Kleid von Balenciaga aus dem Jahr 1968 erinnert in seiner eleganten Schlichtheit und schnittlichen Linienführung an Mönchsgewänder. Die Haute-Couture-Kollektion Herbst/Winter 2017 aus dem Hause Valentino setzt ähnliche ästhetische Bezüge zum Heiligen und Rituellen der Kirche. Die Parallelen sind überzeugend, als Referenzen dienen Abbildungen von Kardinälen und Bischöfen, Nonnen und Märtyrern, portraitiert von Francisco de Zurbarán (1598–1664). In der Herbst/Winter-Kollektion

2020 (*womenswear*) finden sich einzelne Looks, die in Volumina und Proportionen an Talarge-wänder erinnern.

Sehr viele, ja zu viele Kollektionen bedienen sich vielfältig, manchmal frech, manchmal zynisch visueller Zitate oder Symboliken, sie adaptieren, karikieren, persiflieren religiöse Bild- und Symbolwelten schlichtweg als bloße Ab(zieh)bilder und exportieren diese auf die Oberfläche der Kleidung – eine wahre Bilderflut des visuellen Re- und Upcyclings. Damit ist die Kleidung selbst zur Leinwand geworden, zur Projektionsfläche des Entrückten: Die Mode bedient sich der symbolischen Reproduktion des Sakralen oder eben der Symbole, die bereits mit dem Sakralen operieren.[7]

Mode – Versuch einer Verortung

Mode ist mehr als nur Kleidung. Mode ist eine gesellschaftliche, omnipräsente Dynamik mit zeitlich begrenzten Charakteristika. Sie speist sich aus sozialen und kulturellen Energien und ist somit ein wichtiger Teil unserer Kultur. Mode steht in Wechselbeziehung zu politischen, sozialen, wirtschaftlichen, technischen und ästhetischen Entwicklungen und ist keine vereinzelte, isolierte Lebensäußerung. Ihr liegt ein System von ausgehandelten Kriterien zugrunde. Dadurch gelingt es Mode, einstweilige Homogenitäten zu schaffen, die vorübergehende Ein-, Ab- und Ausgrenzungen ermöglichen. Somit ist sie eine Kulturtechnik mit einem ästhetischen Spiel von temporären Fest- bzw. Zuschreibungen und hohem Mutationswert. Als soziales Zeichensystem bedient sie sich nicht nur der Kleidung und des Körpers, sondern auch der Sprache, des Gestus und des Habitus. Mit den (aus)gewählten Alltagsinszenierungen wird visuell Stellung bezogen – zu Gleichgesinnten, in oppositioneller, demonstrativer Ablehnung oder im „Dazwischen", im Meinungstransit. Mode fungiert als strukturierendes Element unseres Alltags und kann daher auch als Ordnungssystematik begriffen werden. In Zeiten der Selbst-Hyperisierung, der „The-Better-Me"-Olympiaden und des Singularitäten-Wettstreits ist die Mode immer stärker zum Spiel- und Darstellungsraum für soziale Identitäten geworden, auch zum Schaustück zwischen den Identitäten und Geschlechtern.

Mode ist allgegenwärtig. Sie spiegelt das wider, was vermeintlich als Zeitgeist betitelt wird. In Anlehnung an die in der Architekturtheorie entwickelte, semiotische Begrifflichkeit des „Symptom-Designs"[8] können wir auch von Mode als Zeitgeist-Symptomen oder von Zeitgeist-Symptom-Designs sprechen. Als Dynamik durchdringen sie den Alltag, kommentieren diesen, zitieren, ironisieren und kokettieren. Sie treten ins Scheinwerfer- und Blitzlicht, besteigen das Podest und werden zum Spektakel. Der Laufsteg entzieht den Modekollektionen ihre Entstehungs- und Produktionsräume, rückt sie bühnenhaft ins Rampenlicht einer inszenierten Welt mit entsprechend gigantischer Kulisse, akustisch exponiert, um Einzigartigkeit und vermeintliche Innovation hervorzuheben. Räume werden nicht nur als physikalische Begebenheiten, sondern auch als dynamische Strukturen verstanden. Mode wird durch Räume – politische, soziale, mediale etc. – bestimmt und bestimmt diese wiederum selbst. Sie markiert und wird markiert. Vernetzt und verdichtet werden diese durch erzählende Autopoiesis, durch Narration, die sinn- und identitätsstiftende Momente entstehen lassen.

Vestimentäre Objekte und Artefakte gestalten sich aus einer Zeichenwelt, die durch Verknüpfungen, Kombinationen und Verbindungen Form(ungen) entstehen lassen – und gleichzeitig bedienen sie sich zum Teil wieder selbst aus diesem autopoietischen Repertoire. Ritual(e) und Kult sind bedeutende, wirksame Mechanismen der postmodernen Markenwelt geworden. Objekte werden mittels Kodierungen und Inszenierungen mythisch aufgeladen und genutzt, um die personale Identität in Szene, ins Licht oder ins Selfie zu rücken. Techniken der Inversion, der Rekontextualisierung und des Sampling knüpfen an subkulturelle Codes an.

Mode be-greifen und er-fassen

Wim Wenders beschreibt in seinem Tagebuchfilm „Aufzeichnungen zu Kleidern und Städten" (1988/89) seine erste „vestimentäre Begegnung" mit der Arbeit des japanischen Modedesigners Yohji Yamamoto:

> „Ich kaufte mir eine Jacke […], aber mit dieser Jacke […] war das anders […], von Anfang an neu und alt zugleich. Es konnte nicht bloß ein Schnitt, eine Form, ein Stoff sein, die hätten mein Gefühl nicht erklären können. Das kam vielmehr von weither, aus der Vergangenheit. Diese Jacke erinnerte mich an meine Kindheit. Das Gefühl, Vater war in sie hineingeschneidert, nein, nicht in die Einzelheiten, sondern wie in das Ganze hineingewebt. Die Jacke war die direkte Übersetzung dieses Gefühls und sie tat es besser als Worte."[9]

Diese Momentaufnahme beschreibt anschaulich, wie Wim Wenders die Ausdehnungen und Wirkmächtigkeit seines vestimentären Erlebens be-greift, er-fasst, ohne zu verstehen. Wie ist es möglich, dass sich diese imaginären Bilder, diese narrativen Metaphern in die Kleidung einschreiben können? Es scheint um mehr zu gehen als nur einen ausgewählten Schnitt, eine erstellte Form und einen adäquaten Stoff zusammenzubringen. Das Zusammenspiel, die Wirkverhältnisse und dynamischen Verläufe dieser drei Größen scheinen eine ebenso große Rolle zu spielen. Es geht um Deutungsspielräume, in denen ein ausgewählter Schnitt, eine erstellte Form und ein adäquater Stoff ihre autopoietischen Wirkungen entwickeln (können). Es geht um jene Schwellenräume, die sich sowohl durch wie auch zwischen Schnitt, Form und Stoff eröffnen, neu bespielen und eine Intensität, eine eigene Narration verdichten, die beim Gegenüber ein Gefühl, eine Emotion bedingen.

Beide Erfahrungen, die der Intensität und die der Emotion ordnet Brian Massumi – prägender Vordenker der *affect studies* – dem Affekt zu.[10]

> „Affekt ist, wenn uns etwas erfasst, trifft, bewegt oder beeinträchtigt, das unserer bewussten Wahrnehmung und Sprache entgeht. Ausdrücke wie ‚mich packt's/erwischt's/haut's um' erzählen von Affekt als einer schwer definierbaren Intensität, die uns angeht und aufrüttelt. Affekt benennt so die Fähigkeit, sich mit der Welt in Beziehung zu setzen und von ihr verändert zu werden."[11]

Von diesen Momenten lebt die Mode, in diesen Momenten wird sie zur Mode. „J'adore" wäre der französische, impulsiv-enthusiastische Begeisterungsausruf für das Unbenennbare, wenn die Worte entfallen und die Euphorie überwältigt. Dior reservierte diesen „J'adore"-Moment gleich mal für das eigene Parfum und setzt so Mode, Affekt, Sensitivität und Sinnlichkeit geschickt in einen gemeinsamen (Marketing)Kontext.

Mode – formendes Handwerk

In seinem Tagebuchfilm dokumentiert Wim Wenders beobachtend das gestalterische Vorgehen von Yohji Yamamoto. Dabei versucht er sich der Frage anzunähern, wie das von ihm erlebte Trage-Erlebnis einer Jacke in eine vestimentäre Form münden konnte und wie dieser Prozess in

entstehende Kleidung einzuschreiben wäre. Der japanischen Modedesigner kommentiert den prozesshaften Vorgang der (Er)Schaffung von Kleidung wie folgt:

„Ich fange mit dem Stoff, dem Material, dem Griff an, dann gehe ich zu der Form über. Irgendwie ist das so, als ob, ich weiß nicht, was von wem abhängt. Vielleicht brauchen Formen ein bestimmtes Material, oder Materialien bedürfen einer bestimmten Form. Ich weiß nicht, was zuerst kommt, was danach. Es kann sein, dass bei mir zuerst der Griff zählt, und ich mich dann, wenn ich schrittweise das Material zu bearbeiten beginne, in die Form hineindenke, die es annehmen soll."[12]

Form, Material: Was bedingt was, was wirkt auf was, was unterstützt was, was dient wem? Vielleicht benötigen, beanspruchen Formen ein bestimmtes Material und bestimmte Materialien benötigen die für sie bedingte oder auch die ihnen zugeschriebene Form. Wie könnten beide zu einer gemeinsamen „erhabenen" Eigendeutigkeit gelangen, die außerhalb der Ursprungsebene liegt? Form und Material stehen in einer komplexen Interdependenz zueinander, einer sich gegenseitig bedingenden, korrelierenden Dialogisierung, die aber auch in eine sich wechselseitig be- und verhindernde Dualität führen kann. Diese Interaktion von Form und Material bedingt ein gestalterisches Ritual, eine prozesshafte Arbeitsweise, wie sie uns auch aus dem Handwerk bekannt ist: Abstand nehmen, betrachten, wieder herantreten, anfassen, fühlen, zaudern, abwägen, dann kurz entschlossen handeln und schließlich wieder anhalten, so dass Abstand und Wirkung wieder Gedanken- und Handlungsräume für weitere Gestaltungsoptionen ermöglichen.

Diesen Moment des Handwerks beschreibt Richard Sennett als eine prozesshafte Arbeit mit Hingabe, als ein engagiertes Tun[13], welches um seiner selbst willen gut gemacht werden will und dabei auch zeitweilig die Kontrolle verlieren darf. Die intrinsische Motivation treibt das Tun an, in welchem das praktische Handeln und Denken in einem ständigen Dialog stehen und somit auch das empathische Verständnis für die Sache, für den Gegenstand des eigenen Gestaltungsprozesses erhöhen. Sennet sieht eine enge Verbindung zwischen Handwerk und Ritual; er betrachtet Rituale als eine Art Handwerk, da sie Fertigkeiten erfordern und vollzogen werden müssen. Rituelle Praktiken versteht er als Choreographie von Bewegungen und Gesten – umgeben von einer Aura –, da sie den Eindruck eines geheimnisvollen Ursprungs erwecken.[14] Das Handwerk wiederum bedarf der Rituale, um die Fähigkeiten zu schärfen. Beide Dimensionen erachtet er als wichtig, so dass sich praktisches Handeln und Denken in einem ständigen Dialog ergänzen und stimulieren können. Diese Verbindung zwischen Hand und Kopf sei essentiell, um mit Engagement und Urteilsvermögen den Fertigkeiten eine volle Reife zu ermöglichen, auch wenn der Prozess anstrengend sei.[15]

Seine Ausführungen zeigen eine klare Vorstellung davon auf, dass sich Hand und Kopf in einer Art perfekten Symbiose oder vollkommenen Einheit zu ergänzen haben. Dies mag anhand der dargelegten Beispiele nachvollziehbar sein, im Prozess der Gestaltung ist es allerdings ein ewiges Austarieren und Aushandeln und das optimale Zusammenspiel hat eher einen Seltenheitswert. Daher befriedet es auch, wenn er einräumt, dass ein besessenes Streben nach Perfektion ein sicherer Weg zum Scheitern sei,[16] nicht zuletzt deswegen, da Perfektion keinen Raum ließe für Experimente und Abwandlungen.[17]

Sennett spricht von einem dauerhaften menschlichen Grundbestreben,[18] dem Wunsch, eine Arbeit um ihrer selbst willen mit Hingabe und Engagement gut machen zu wollen. Es scheint, als sei dies eine Prämisse guter Gestaltung: im Fertigen einer Sache das Wesen dieser Sache selbst zu finden oder auch im Herstellen eines vestimentären Objektes oder Artefaktes das Wesen, das Potential dieses Objektes oder Artefaktes selbst freizulegen – das Zugedachte oder Eingeschriebene des zu Gestaltenden adressiert sich an den Gestaltenden. Sehr ähnliche Denk- und Gestaltungsansätze finden sich bei Yohji Yamamoto wieder.

Gelingt dieser Prozess, dann vermag das Ergebnis mit einem impulsiv-begeisternden „J'adore" gefeiert werden. Gelingt der Prozess nicht, (ver)bleibt eine ästhetische Ratlosigkeit, eine lose Ansammlung von Ideen ohne jegliche Bezugspunkte oder nachhaltige Wirkung, ohne narrative Kontextualisierungen oder Mehr-Wert – eine Art Fehlproduktion oder Mängelware.

Mode als referentieller Prozess

Das referentielle Arbeiten auf Basis historischer Artefakte scheint ein Paradoxon in sich zu vereinen: Gestaltet wird im Hier und Jetzt mit inspirierender Bezugnahme auf das Gestern und gleichzeitig antizipierendem Blick auf das Zukünftige, in dem das Gestern nicht zählt. Es scheint ein gestalterisches Spiel von vermeintlicher Gleichzeitigkeit zu sein mit mehreren, möglichen Zuordnungen: dem Vergänglichen und dem Dauerhaften, dem Flüchtigen und dem Stabilen, dem Fließenden und dem Festen. Somit stünden Gestaltende per se immer an einer Schnittstelle zwischen gestern und morgen und versuchen das Gleichgewicht. Dieser Versuch erscheint, so Wim Wenders in seiner beobachtenden Analyse über die Arbeit des Modedesigners Yohji Yamamoto, wie eine Technik, die etwas Neues schafft, welches bereits – auf nicht wirklich erklärbare Art und Weise – bewährt erscheint.

Der Komponist Wolfgang Rihm[19] beschreibt einen ähnlichen Vorgang, widerspricht allerdings den zeitlichen Zuordnungen und attestiert, dass Tradition oder auch tradierte Formen immer schon die soeben sich ereignende Gegenwart seien. Er resümiert, dass das Tradierte bereits das Neue sei und führt weiter aus, dass die Referenzen von Phänomenen oder Artefakten eben nicht herausgelöst werden können aus dem Ganzen, dem sie sich verdanken. Demnach seien sie bereits auch schon die sich ereignende Gegenwart: Wir sind die Referenzen unserer Vergangenheit – nicht die Vergangenheit ist unsere Referenz. Nichts entstehe alleine, alles ist schon da, nur wir verändern unseren Ort und damit auch den Blickwinkel, und das, was wir sehen, ist neu. Der Perspektivenwechsel könnte also auch als eine Form von Re- oder auch De-

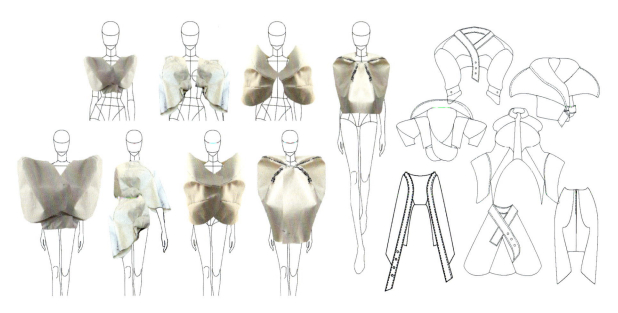

Abb. 8: Draping und technische Zeichnungen, aus der Mappe von Oliver Schraft

kontextualisierung von Referenzen verstanden werden. Dieser neue Blickwinkel entkoppelt, reformatiert Konzepte, Kontexte, Symbole oder auch Kodierungen. Daher verbinden Artefakte die jeweils aktuellen Wahrnehmungen mit denen aus Erinnerung und Einbildungskraft, aus Imaginationen und Narrationen. Letztendlich fungieren die entstandenen Artefakte eben nicht nur per se als Objekte mit Informationscharakter, sondern können auch zum Medium der Objekte werden, über, durch oder an denen gezeigt, vermittelt oder übertragen werden kann.

Auf diesem Gedankengang basierend schreibt Lioba Keller-Drescher den Artefakten eben keinen narrativ-linearen, sondern einen simultanen Informationsgehalt zu:

> „Objekte sind quasi ‚sprachlose' Medien der Kommunikation, deren Mitteilungsfähigkeit in materialikonographischen, ästhetischen und funktionalen Wahrnehmungsweisen kodiert ist. Damit erklärt sich auch, warum den Kulturtechniken des Zeigens und den Strategien der Sichtbarkeit ein herausragender Stellenwert in der Theoretisierung der Dinge zukommt."[20]

Gerade im Bereich der vestimentären Artefakte, der Kleidung, haben die Strategien der Sichtbarkeit der textilen Objekte einen ebenso hohen Stellenwert wie ihre Sichtbarkeit durch und über den Körper sowie mittels Ritualen, Inszenierungen und Performationen.

Um aber letztendlich eine Wirkung in der Gesamtheit zu erzielen, eine Emotionalität, bedarf es einem gelungenen Zusammenspiel, einer Inter- und Trans-Kommunikation, einer Korrelation jener non-linearen, simultanen Informationsträger. Ansonsten bleibt ein solitäres Sammelsurium an Ideen ohne Anlehnungen oder Bezugnahme, ohne narrativen (Mehr-)Wert zurück. Daher ist im Prozess der vestimentären Gestaltung das „Woher", das „Wovon" (Referenz) ebenso wichtig wie das „Wohin" (Vision). Die folgende Aussage, welche gemeinhin Jean-Luc Godard zugeschrieben wird, illustriert diesen Kreativprozess des Referentiellen sehr gut und setzt neben der originären Verortung des „Woher" auch gleichzeitig einen Fokus auf das Neue, das zu Entstehende: Es kommt nicht darauf an, woher man die Dinge nimmt, sondern wohin man sie bringen will.

Ateliers – Wissenschaftsräume des Handwerks

Das Atelier übernimmt die Rolle eines Labors. Labore sind nicht nur Arbeits-, Denk- und Forschungsräume, vor allem sind es komplexe, investigative Spielräume. Es sind Orte des Ungeplanten und des Unplanbaren. Es sind explorierende Frei- und Bewegungsräume, in denen Zufälle sich entfalten und Ideen sich formen können. Es sind Experimentalräume, in denen das Neue entsteht. Hans-Jörg Rheinberger versteht das Experiment als „eine Form des Tuns vom Bekannten zum Unbekannten, das bei aller Unsicherheit doch nicht gleich ins Chaotische ausartet. Es ist ein geregelter Umgang mit dem nicht gezielt Herbeiführbaren."[21] Das Experiment ist ein nicht-intentionales Finden, das sich an einem Spektrum von Praktiken, Methoden, Techniken und auch Handwerken bedient. Investigativ eignet sich die vestimentäre Innovation ihr Material an, erprobt forschend Form, Proportion und Silhouette, befragt analysierend Oberflächen, Strukturen, Muster und Ornamente, experimentiert mit Kontrasten, Fokussierungen, Verzerrungen, Symmetrien und Harmonien, eruiert Codes, Symbole, Metaphern und Denotationen. Die denkende Hand – eben auch im Verständnis von Richard Sennett – ist ein wesentliches Werkzeug im Experiment. Das wesentliche Ziel ist die Sichtbarmachung kreativer Roh-Ideen, das Aufzeigen von Innovationsimpulsen, den möglichen Potenzialen zukünftiger Moden, die vorerst nur vage erahnbar, vermutbar sind. Diese Kreativ-Keimlinge sind Informationsträger für das Neue, das Andere. Antizipierend transportieren sie das, von dem wir noch nicht wussten, dass wir es wollten und ersehnten.

Auch wenn es um das Herausarbeiten des Neuen geht, so scheint es doch ein Prozess des Findens und nicht des Erfindens zu sein – eine Arbeitsweise, die zum Teil einen iterativen, disruptiven wie additiven Prozess integriert, der Geduld und Frustrationstoleranz als Kollaborateure begrüßt ebenso wie das vom französischen Philosophen Michel de Montaigne einst treffend beschriebene „heilsame Scheitern"[22].

Für Richard Sennett liegt der Ursprung des Dialogs im spielerischen Umgang mit Materialien. Das Spiel selbst ermöglicht es, sich auf das einst im Spiel Erlernte zu stützen und fortschreitende Komplexität zu üben.[23] Ähnlich drückt es auch Carl Gustav Jung aus. Für ihn entsteht das Neue nicht durch den Intellekt, sondern durch den Spielinstinkt, der aus innerer Notwendigkeit agiert: „Der schaffende Geist spielt mit den Objekten, die er liebt."[24]

Studierende erproben den Designprozess – Referentielle Artefakte im Entstehungsprozess

Historische bzw. mittelalterliche Kunstwerke aus der Sammlung des Diözesanmuseums als Inspirationsgrundlage, als kreative Referenz(en) für die eigene Arbeit heranzuziehen, war eine Herausforderung für die Studierenden. Das Auge ist geschult für Inspirationen von der Straße, ist geübt, in Schnelligkeit Bildschirme und Touchscreens nach interessanten Posts und Alltagsszenarien zu scannen. Ein Kunstwerk zu betrachten, zu sehen, zu suchen, zu finden, verlangt Hinwendung und Offenheit für die Wirkmächtigkeit. Es bedarf einer Zugewandtheit, die entecken, aufdecken, finden möchte. Gleichzeitig ging es auch darum, Kleidung per se als tragbares Artefakt, als textilen, vestimentären Semanten verstehen zu können.

In einer dem Designprojekt vorgeschalteten Übung haben sich die Studierenden in Teams darüber Gedanken gemacht, was sie unter den folgenden Begrifflichkeiten verstehen: „Sakrale Fülle", „Verhüllte Reinheit", „Sinnliche Passion", „Textiler Thron" und „Erhabener Schutz". Interessant waren bereits hier die ersten unterschiedlichen Denotationen, je nach Sozialisation, kulturellem Hintergrund oder ästhetischem Verständnis. In einem zweiten Schritt ging es darum, Laufsteg-Looks zu recherchieren, die eben diese Begriffe inhaltlich verkörpern in Silhouette, Material, Proportion, Styling, etc. Bereichernd waren die diskursiven Auseinandersetzungen über die verschiedenen Interpretationsmöglichkeiten.

Die Auswahl der Kunstwerke aus der Sammlung des Diözesanmuseums als gestalterischer Ausgangspunkt war ebenso vielfältig wie die Entwicklung der Interpretationsansätze: Sebastian Adam wählte das Bild vor dem Bild und nannte seine Kollektion „Pre-Holy": Er fragte sich, wie das Leben denn vor einer „Heiligsprechung" ausgesehen haben könnte. Lennart Bohle befasste sich nicht nur mit der abgebildeten Darstellung „Anna Selbdritt" und ihren sehr eigenen Proportionen, sondern auch mit den Zeitspuren im Kunstwerk selbst: Spuren des Farbauftrags, das partielle Durchscheinen der Malgrundlage. Amra El Gendi setzte zwei Kunstwerke in einen Kontext zueinander und kreierte daraus eine visuelle Narration der Abschiebung. Oliver Schraft stellte bereits beim ersten Museumsbesuch fest, dass im Vergleich zu heute die Kleidung auf den Bildern mit Würde und Achtung getragen werde und sich der Träger, die Trägerin dem „Gewandschatz" achtungsvoll untergeordnet hat – ein diametraler Gegensatz zum heutigen Geschehen, in dem das eigene Selbst zum Heiligtum auserkoren wird, die Kleidung eine Staffagen-Funktion erhält mit dem Ziel, den bestmöglichen Look für das Selfie zu garantieren. Lea Mistrafovic hat gleich drei Darstellungen ausgewählt – alle drei von Maria Magdalena. Sie setzte sich mit dem geschichtlich umstrittenen Frauenbild auseinander und fragte sich, für welche Werte und Haltung eine Mirjam von Magdala heute stehen würde. Julia Judenhahn nahm den Bettelmönch Bonaventura in den Blick und stellte fest, dass in der Reduktion, in der Zuwendung zur Natur eine große Sinnlichkeit und Herrlichkeit liegen kann. Melis Ögünc wählte die Lebendigkeit eines barocken Gemäldes mit der Darstellung der Marienkrönung: ein wahres Lebensfest, eine tanzende Ode an die Weiblichkeit. Fasziniert von den vielen Detaildarstellungen entwickelte sie unzählige Stickereiideen. Anna-Lena Domke war von der Darstellung des hl. Georgs und des Erzengels Michael fasziniert, nicht zuletzt weil der Bildaufbau vermeintlich synchron wirkte, ohne wirklich synchron zu sein, wie sie in einer Detailanalyse feststellen musste. Sie war fasziniert von dem Gedanken, dass wir mit unseren vorgefertigten Meinungen immer zu wissen meinen, wie die Dinge sind, und dann doch entdecken müssen, dass sie anders sind.

Acht sehr unterschiedliche Positionen mit sehr persönlichen Interpretationen, unterschiedlichen Blickwinkeln, Absichten und Anliegen. Acht unterschiedliche Talente und Begabungen. Und gleichzeitig ist allen etwas Gemeinsames: Sie haben eine eigene Haltung eingenommen, auf und in die Welt zu schauen, sie haben sich mit Provokation und Dualismus zwischen dem Gestern und dem Morgen auseinandergesetzt. Sie haben ihren Ansatz von Mode verortet und sind in das Be-Greifen und Er-Fassen ihres Themas, ihrer Intention, ihrer Vision eingetaucht. Sie sind mit unterschiedlichen Methodiken in den referentiellen Prozess gegangen, haben unterschiedliche 2D-Techniken eingesetzt, um eine Idee zu bekommen, wohin sich die eigene Arbeit entwickelt. Sie haben von klein auf groß gearbeitet und wieder zurück, wenn es an der Großzügigkeit der Form haperte, sind gescheitert, mussten verwerfen, haben gefunden, waren frustriert, haben geflucht, waren überrascht und haben gejubelt. Sie haben versucht, in unterschiedlichen gestalterischen Dimensionen zu denken, um immer wieder den inneren Raum für die eigene Kreativität zu öffnen. Sie sind in die Wagnisse des Experiments gegangen und haben um einen Gleichklang von Hand und Kopf gerungen. Sie haben visuelle Kontexte entschieden, verworfen, neu erprobt. Sie haben das Unplanbare akzeptiert, auf die Hand vertraut, auch wenn der Kopf gezweifelt hat. – Sie sind alle über sich selbst hinausgewachsen.

Abb. 9: Shooting, aus der Mappe von Lea Mistrafovic

Was die Ausstellung möchte

Die Ausstellung setzt acht finale Arbeiten in Szene, die im Rahmen einer sehr inspirierenden Kooperation unter schwierigen Hygieneauflagen während der Coronapandemie 2021 durchgeführt wurde – mit viel Disziplin von allen Seiten. Ein großer Dank gilt dem Werkstattteam des Studiengangs Mode.

Die Arbeiten möchte einladen, historische Darstellungen und Gewänder sowie die Mode in ihrer vestimentären Ausdrucksform wieder zu be-greifen, zu er-fassen, anders zu sehen, neu zu sehen. Es gilt, die Mode aus ihrer Ver- und Überbildlichung wieder zurückzubringen zur erlebten Kleidung, ihr ihre sensuelle Wirksamkeit wieder zurückzugeben. Der Erlebnischarakter der Kleidung schreibt ihr das Potential zu, auch Genussmittel zu sein, anregend, stimulierend, beruhigend… Die Ausstellung lädt ein, den Blick wieder zu öffnen, zu erweitern: mit dem Auge zu tasten, mit den Händen zu sehen, die Leichtigkeit des Materials, den Schwung der Drapierung zu hören und über haptische Oberflächen zu staunen – mit einem neuen Blick sowohl auf die historischen Kunstwerke wie auch auf die vestimentären Unikate.

Kleidung sind textil-gewordene Räume, die über und durch den Körper, durch seine Sprache, Bewegungen und Gesten belebt werden, um Mode werden zu können. Mode ist auch als Körpertechnik zu verstehen.

Shaping faith – Glauben ist ein Prozess des Werdens, die eigenen Talente herauszufordern, (s)einer aufrechten Haltung Kontur zu geben, ein zugedachter Findungsprozess, das Erahnbare sichtbar zu machen.

Und die Mode selbst? Auch wenn die Modebranche noch nach alter Manier tobt, die Mode selbst ist längst in die Kontemplation gegangen. Es wird um eine neue Haltung gehen. Aber genau das ist ja die Stärke der Mode selbst: Als kulturelle Praxis zeichnet sie sich dadurch aus, dass sie es immer wieder geschafft hat, zu einer textil-gewordenen Haltung des Zeitgeistes zu werden, ob aus Protest, Idealismus oder Pragmatismus und in oder mit welcher Form auch immer. Sie wird uns herausfordern – wie in jeder ihrer Zeiten – Neues zu wagen.

Anmerkungen

1 Vgl. Covolo 2020, S. 1.
2 Vgl. Geppert 2016, S. 30.
3 Vgl. Covolo 2020, S. 115.
4 Vgl. Simmel [1905].
5 Vgl. Covolo 2020, S. 115.
6 Vgl. English 2013, S. 92.
7 Vgl. Geppert 2016, S. 31.
8 Vgl. Gleiter 2014.
9 Vgl. den Film „Aufzeichnungen zu Kleidern und Städten" [1988/89] von Wim Wenders.
10 Vgl. Slaby 2018, S. 60f.
11 Vgl. Zechner 2013.
12 Vgl. den Film „Aufzeichnungen zu Kleidern und Städten" [1988/89] von Wim Wenders.
13 Vgl. Sennett 2012, S. 32.
14 Vgl. ebd., S. 23.
15 Vgl. ebd., S. 20f.
16 Vgl. ebd., S. 67.
17 Vgl. ebd., S. 143.
18 Vgl. ebd., S. 19.
19 Vgl. Rihm 1997, S. 115.
20 Vgl. Keller-Drescher 2010, S. 243.
21 Rheinberger 2014, S. 11f.
22 Zitiert nach Sennett 2012, S. 135.
23 Vgl. ebd., S. 363.
24 Jung 1921, S. 172.

Literatur

Covolo, Robert: Fashion Theology, Waco 2020.
English, Bonnie: A Cultural History of Fashion in the 20th and 21st Centuries. From the Catwalk to Sidewalk, London ²2013.
Geppert, Silke: Mode und/als Religion, in: Kunst und Kirche 2016/4, S. 30–33.
Gleiter, Jörg H. (Hg.): Symptom Design. Vom Zeigen und Sich-Zeigen der Dinge (ArchitekturDenken 7), Bielefeld 2014.
Jung, Carl Gustav: Psychologische Typen, Zürich / Stuttgart 1921.

Keller-Drescher, Lioba: Das Versprechen der Dinge. Aspekte einer kulturwissenschaftlichen Epistemologie, in: Regula Rapp (Hg.): Verhandlungen mit der (Musik-)Geschichte (Basler Jahrbuch für historische Musikpraxis 32/2008), Basel / Winterthur 2010, S. 235–247.

Samida, Stefanie / Eggert, Manfred K. H. / Hahn, Hans Peter (Hg.): Handbuch Materielle Kultur. Bedeutungen, Konzepte, Disziplinen, Stuttgart / Weimar 2014.

Rihm, Wolfgang (im Gespräch mit Margarete Zander): Vertraue auf die Schwerkräfte!, in: Heinrich von Pierer / Bolko von Oetinger (Hg.): Wie kommt das Neue in die Welt?, München 1997, S. 115–120.

Rheinberger, Hans-Jörg (im Gespräch mit Heiko Röhl): Mit den Händen denken. Ein Gespräch mit Hans-Jörg Rheinberger zur Innovationskraft von Experimenten, in: OrganisationsEntwicklung 2014/3, S. 11–14.

Sennett, Richard: Handwerk, Berlin ⁴2012.

Simmel, Georg: Philosophie der Mode (Moderne Zeitfragen 11), Berlin o.J. [1905].

Slaby, Jan: Drei Haltungen der *Affect Studies*, in: Larissa Pfaller / Basil Wiesse (Hg.): Stimmungen und Atmosphären. Zur Affektivität des Sozialen, Wiesbaden 2018, S. 53–81.

Zechner, Manuela: Unter die Haut gehen: Affekt und Sorge in kollektiver Organisierung, in: Bildpunkt, 2. November 2013, https://www.linksnet.de/artikel/29963 [22. November 2021].

4. Sakrale Kunst – textile Botschaften

Die Gewänder in der Tafel- und Skulpturkunst des Rottenburger Diözesanmuseums

Daniela Blum

Die Gemälde und Skulpturen der mittelalterlichen Sakralkunst zeigen vor allem eines: Menschen und ihre Kleidung. Stoffe nehmen einen großen Teil, manchmal die Hälfte der tatsächlichen Bildflächen der Tafelbilder ein. Bei den Skulpturen ist der Anteil noch höher, sind doch die Körper der meisten Figuren bis auf den Kopf und die Hände mit einem Gewand bedeckt. Wenn man nur das Ausmaß der textilen Flächen bedenkt, kann das Gewand kaum bedeutungslos sein oder eine ausschließlich ästhetische Funktion haben. Neben Mimik, Gestik und Körperhaltung sowie den beigefügten Attributen erzählt die Kleidung[1] etwas von den biblischen und heilsgeschichtlichen Zusammenhängen, in denen die dargestellten Personen stehen.[2] Gleichzeitig gewann im Spätmittelalter, dem Entstehungszeitraum der hier analysierten Kunstwerke, Kleidung überhaupt an Bedeutung.

Spätmittelalterliche Kleidung – getragen, geschnitzt und gemalt

Während sich die Tuniken, die im Abendland von der Zeit der Karolinger bis ins beginnende 12. Jahrhundert getragen wurden, in Form und Material kaum verändert haben, setzte danach eine größere Bewusstheit im Umgang mit Kleidung ein. Neue Stoffarten und Passformen wurden erfunden und erprobt.[3] Im 14. Jahrhundert entstand dann eine Fülle von Farben, Materialien und körperbetonten Schnitten. Die Kleidung insbesondere bei klerikalen und säkularen Eliten wurde enger geschnitten und figurbetont auf den Leib geschneidert – bei Männern wie Frauen: Der Körper wurde geradezu erfunden, geschlechtliche Differenz textil inszeniert.[4] Die Kleidungsstile veränderten sich in Intervallen – hier könnte man wirklich von Mode sprechen – und nahm regionale Eigenheiten an. Menschen an den Adelshöfen und in den Domkapiteln legten zunehmend Wert nicht nur auf das, was sie trugen, sondern auch auf die materiellen Dinge, die sie umgaben: Neben der Kleidung waren das Schmuck und Juwelen, Möbel und Truhen, Teppiche und Tapisserien. Mit der Hochschätzung materieller Gegenstände ging auch eine neue Visualität einher. Ulinka Rublack spricht für die Renaissance von einer „new visual culture and mediality, a whole set of visual practices, and a greater status given to visual perception"[5].

Innerhalb dieser visuellen Kultur war auch die Kleidung auf Gemälden bedeutsam, bildete doch gerade die gemalte Kleidung auf säkularen Portraits und auf sakraler Kunst den modischen Gusto der Zeit ab und wirkte auf diesen zurück. Mode muss erst zu Mode gemacht werden. Getragene wie gemalte Kleidung hat eine kommunikative Kraft und diente bereits im Spätmittelalter der Ausbildung von Identifikation und der Unterscheidung der Standesgruppen. Kleidung ist als ein Medium sozialer Kommunikation zu verstehen.[6] Sie macht als „Symbol- und Kommunikationssystem" sowie als „soziale, ästhetische und kulturelle Praxis"[7] den Körper zu einer Gestaltungsfläche. Was Matthias Sellmann für die Mode des 20. und 21. Jahrhunderts schreibt, gilt in ähnlicher Weise auch für die Renaissance: „Mode liefert Bedeutung, Identität, Zugehörigkeit, sogar Handlungsführung und Kontingenzbewältigung."[8]

Abb. 10: Textile Überfülle: Madonna des Kanonikus Georg van der Paele, Jan van Eyck, 1434–36, Groeningemuseum, Brügge, Inv. Nr. 0000.GRO0161.I

Die narrative Struktur des Gewandes

Die Gewänder werden in den Kunstwerken insbesondere dort bedeutungstragend, wo es keine Handlung und damit wenig Gestik oder Mimik darzustellen gibt. Das ist weniger bei den Darstellungen aus dem Leben Jesu oder Mariens als vielmehr bei den Heiligenbildern der Fall. Auf ihren Tafeln sind für gewöhnlich Personen mit ihren Attributen dargestellt, Attribute, die der Erkennbarkeit dienen. Erst die Gewandung aber liefert die Möglichkeit der künstlerischen Auseinandersetzung mit dem Sujet oder sogar eine Art Umcodierung der Personen. So werden etwa Märtyrerinnen, die nach mittelalterlicher Erzähltradition einen grausamen Tod erlitten haben, weil sie sich gegen ihr Umfeld gestellt und für den christlichen Glauben entschieden haben, im Gemälde zu adeligen Frauen stilisiert oder ein Erzengel durch einen Ornat zu einem Priester umcodiert.[9] Andere Kunstwerke zeigen eine textile Angleichung von weiblicher Kleidung an die sie umgebenden Klerikerornate und damit eine – zumindest stilistische – Gleichrangigkeit von heiligen Frauen und heiligen Priestern, Bischöfen oder Päpsten.[10] Markant jedenfalls bleibt für heutige Betrachterinnen und Betrachter sowie für ihre Vorstellungen von Mittelalter und sakraler Kunst, in welcher Fülle Frauen dargestellt werden, wie prächtig sie gekleidet sind und wie

Abb. 11: Ein textil gestalteter Goldgrund: Himmelfahrt Christi (Ausschnitt), Meister des Rottweiler Hochaltars, Rottweil, um 1440, Diözesanmuseum Rottenburg, Inv. Nr. 2.2

ähnlich sie bildstrukturell den Männern, insbesondere auch den Klerikern, gestaltet sind. Und das gilt nicht nur für Maria und ihre legendarische Mutter Anna.[11]

Auch die spezifische Gestaltung des Goldgrundes, der auf viele Tafeln aufgetragen ist und sie als Festtagsseiten der ehemaligen Altaraufbauten charakterisiert, hat textile Qualität. Zunächst zählt Gold nach mittelalterlicher Auffassung materiell und phänomenal nicht zu den Farben, sondern weist eine eigene lichthaltige Substantialität auf.[12] Dieser Einschätzung liegt auch die Beobachtung zugrunde, dass das vom Goldgrund reflektierte Licht vom Gold ausgesendet zu werden scheint und sich bis heute nicht adäquat auf Fotos erfassen lässt. Der Goldgrund etabliert „vermittels einer bildinternen Differenz eine überweltliche Realitätssphäre im Bild [...], die es erlaubt, eine Transgression vom irdischen ins himmlische Reich zu veranschaulichen"[13]. Das mittelalterliche Bild etabliert durch den Goldgrund zwei unterschiedliche Realitätssphären: Dieser holt die Transzendenz ins Bild bzw. deutet den Übergang vom Irdischen zum Himmlischen an. Gleichzeitig ist in den Goldgrund oft ein Ranken- oder Granatapfelmuster eingeritzt, das ihm eine stoffliche Qualität verleiht und an mittelalterliche Wandbehänge denken lässt. Auf diese Weise wird auch der Goldhintergrund zum Stoff umcodiert und den Protagonistinnen wie den Protagonisten eine höfische Bühne bereitet.

Die Gewänder entfalten ebenso wie die virtuose, goldene Hintergrundgestaltung große Pracht und verleihen ihren Trägerinnen und Trägern Nobilität. Ob es den Künstlern nun darauf ankam, Fantasiekleidung mit Anklängen an spätmittelalterliche Adelsbekleidung zu präsentieren, oder ob sie umgekehrt ihrem sakralen Sujet gerade durch die aufwendige Gestaltung der Kleidung Strahlkraft verleihen wollten, kann nicht entschieden werden. Vielleicht ist diese

Frage auch eine neuzeitliche und die Unterscheidung eine, die sich im Spätmittelalter nicht stellte. Die Kleidung, so könnte man es auch formulieren, verdeutlicht dann nämlich, dass sich die biblische Heilsgeschichte in den Heiligen ebenso fortsetzt wie in den spätmittelalterlichen Zeiten des Malers. Die Maler dieser Zeit benutzen also ein neues Instrument – die Herausstellung der Kleidung –, um einen eigentlich älteren Gedanken darzustellen, nämlich die tiefe Verwobenheit von christlicher Heilsgeschichte und eigener Gegenwart.

All das muss in eine Zeit hineingedacht werden, in der Textilien wie Baumwolle verfügbarer waren und gleichzeitig neue Schneidertechniken entwickelt wurden, in der Kleidung Teil der kulturellen Identität wurde und Menschen bereit waren, dafür viel Geld auszugeben.[14] Im Übrigen erfasste diese – bisweilen kompetitive – Begeisterung für Textilien nicht nur die Bürger in den Städten und den Adel an den Höfen, sondern auch einen Teil des Klerus, der eine Ästhetik sakraler Schönheit entwickelte.[15] Ulinka Rublack plädiert aber dafür, dieses textile Spiel nicht nur als Schaulaufen zu verstehen: „Hence, we see not so much a controlled process of assured self-fashioning, but people who tried to create identifications in dialogue with different groups, available self-images, and different types of objects."[16] Dabei bezog sich der Dialog mit unterschiedlichen Gruppen nicht unbedingt auf feste standesgemäße Mode, die der mittelalterlichen Kultur gerne unterstellt wird, vielmehr ging es gerade darum, sich von Peers und Standesgenossen durch die eigene Kleidung abzugrenzen.

Kleidung – theologisch reflektiert

Die Freude an der Ausgestaltung der Textilien kann auch in die zeitgenössische mittelalterliche Theologie eingeordnet werden. Bestimmte theologische Strömungen waren überzeugt von einem Gott, der in der Welt präsent ist, einem Gott, der sich in und durch die Schöpfung zeigt und darum auch in der menschlichen Kreativität. Die Grundhaltung, dass Gott und Welt in einem analogen Verhältnis beschrieben werden können, kennzeichnet insbesondere die neuplatonische Tradition und die Renaissancetheologie.

In der neuplatonischen Tradition galt die materielle Welt als Abglanz des Himmlischen. Pseudo-Dionysius Areopagita (frühes 6. Jh.) etwa beschrieb die menschliche Imagination als Mittel und Weg, um das zu erreichen, was in der Mystik verborgen war.[17] Rituale, Kunst und Gewänder halfen, die religiöse Imagination zu formen und zu stimulieren und einen sichtbaren Ausdruck des Heiligen zu geben. Und gerade Gemälde und Skulpturen hatten eine zentrale Rolle in der Ausformung religiöser Erfahrungen und sprachen Sinne wie Imaginationskraft gleichermaßen an.[18] Sie visualisierten die Bibel und die Heiligen, sie wurden in Prozessionen mitgetragen oder in liturgische Spiele involviert, sie wurden geschmückt oder bekleidet – sie waren also aktive Teilnehmer innerhalb ritueller Kontexte. In dieser mittelalterlichen Hermeneutik – der materiellen Präsenz des Heiligen im Schönen und dem Abglanz himmlischer Schönheit in der Kunst – müssen auch die Gewänder auf den sakralen Gemälden des Mittelalters gelesen werden. Die Gewänder transformieren menschliche Körper in Instrumente des Überirdischen; Schönheit war ein Zeichen von Heiligkeit.

Auch die Theologie der Renaissance setzte Gott und Mensch in ein analoges Verhältnis. David Tracy beschreibt die Würde des Menschen, die in seiner Gottesebenbildlichkeit gründet, als eine der zentralen Überzeugungen der Renaissance: „It was believed that human beings are graced to live worthy lives of intelligence, creativity, justice, and love since they bear the dignity of God's own self in their affects, their minds, their wills, and their very souls and hearts."[19] Dem gottesebenbildlichen Menschen hat sich Gott in Jesus Christus als zugewandter Gott geoffen-

Abb. 12: Ein Beispiel für prächtig gestaltete Gewänder: Anbetung der Könige (Ausschnitt),
Schwaben mit oberrheinischen Einflüssen, um 1480/90, Diözesanmuseum Rottenburg,
Inv. Nr. 2.36/2

bart. Der Körper wurde als etwas verstanden, was die Menschen mit dem menschgewordenen
Gottessohn gemeinsam hatten.[20] In dieser optimistischen Schöpfungs- und Inkarnationstheo-
logie ist die Welt gut, der Mensch ein von Gott begnadeter Gestalter. Dabei verleugnete diese
Theologie, die sich in zahlreichen Kunstwerken widerspiegelt, nicht die Verletzlichkeit des
Menschen und die Verwundbarkeit seines Geistes, Willens und Herzens. All das aber hebt nicht
die Gottesebenbildlichkeit auf, die das Menschsein in der Hermeneutik geradezu definiert.[21]

Eine solche analoge Perspektivierung hat Auswirkungen auf die Kunst: „In analogical theo-
logies one also finds a grace-transformed understandig of both the beautiful and the sublime in
the arts, including in costume."[22] Gerade das Gewand, so betont David Tracy, hatte in der Malerei
des späten Mittelalters nicht einfach nur eine dekorative Funktion, sondern drückte die Individualität einer Person aus.[23] Kleidung wird schon in der Bibel dual interpretiert, einerseits als
Schmuck des Menschen, andererseits als Marker des gefallenen Menschen, als Attribut des
Menschen außerhalb des Garten Edens, als Einfallstor oder Abbild von Hochmut und Welt-
anhänglichkeit.[24]

Es gibt im Übrigen bis heute theologische Entwürfe, die für eine Theologie des Kleides plä-
dieren. Erik Peterson etwa beschreibt die Kleidung als „Andenken an das verlorene Kleid"[25]
Adams und als Chiffre für ein Ausstehen des wahren Selbst.[26] Andere wiederum warnen expli-
zit vor einer Theologie, die Kleidung zu ernst nimmt, und verweisen darauf, dass Mode ein Spiel
bleiben sollte.[27]

Kleidung und Kontext

Die narrative Sprache der Textilien ist auch durch ihre heutige museale Kontextualisierung verloren gegangen. Die Tafeln und Skulpturen in der Sammlung des Rottenburger Diözesanmuseums entstammen einem sakralen Kontext. Die Tafeln wurden ursprünglich als Teil von spätmittelalterlichen Retabelaltären hergestellt und in diese eingefügt, die Skulpturen waren in Kirchen oder Kapellen aufgestellt. Erst eine zweifache Mobilisierung ließ sie zu musealen Objekten werden: Zunächst wurden sie im Zuge der Säkularisierung zu Beginn des 19. Jahrhunderts aus den Kirchen entfernt. Große gotische Altäre zerlegte man in ihre Einzelteile, die Tafeln gelangten in Lager oder – das Wertvollere – auf den Kunstmarkt. Einige aufmerksame und für sakrale Kunst sensible Zeitgenossen erwarben und sammelten diese Stücke, darunter der Rottweiler Stadtpfarrer Johann Georg Martin Dursch (1800–1881). Seine Sammlung bildet den Kern der heutigen Dauerausstellung im Rottenburger Diözesanmuseum. Im Zuge der Desakralisierung und Musealisierung der ursprünglichen Altartafeln und Skulpturen veränderte sich auch die Funktion der Bilder: Sie wurden zu Kunstwerken.[28] Gerade die Kleidung der biblischen Personen und Heiligen wurde und wird durch diesen veränderten Standort und die damit verbundene museale Funktion nicht mehr als Bedeutungsträger gelesen, sondern meist nur noch als schmückendes Gewand der Personen.

Anmerkungen

1   Ob in Bezug auf die Gewänder, die auf spätmittelalterlicher Sakralkunst dargestellt sind, von Mode oder von Kleidung zu sprechen ist und damit von schmückender oder alltäglicher Gewandung, ist kaum zu entscheiden. Ob es solch eine Unterscheidung im Mittelalter überhaupt gab, ist umstritten. Da der Begriff der Mode aber eher Konzepte des 20. und 21. Jahrhunderts insinuiert, operiere ich im Folgenden mit dem Begriff der Kleidung.

2   Vgl. dazu die beispielhafte Aufschlüsselung im Kap. 5.

3   Vgl. Scott 2009, S. 10–61.

4   Dazu gehörten für den Mann ausgepolsterte Schultern und betonte Oberkörper, Peniskapseln und enge Beinkleidung, für die Frau die Ausformung von Taille und die partielle Offenlegung der Brust. Insgesamt wurde Mode aber ein größeres Thema vor allem für Männer, weniger für Frauen. Vgl. Rublack 2010, S. 16–18. Erwin Panofsky spricht von einer „increasing preference for the tangible in contrast to the ephemeral, for the convex over the flat or concave, for large, comparativley undifferentiated vaulted surfaces, as opposed to inscribed ones" (Panofsky 1953, S. 44; zitiert nach: Fircks 2018, S. 39). Die Betonung der körperlichen Unterschiedenheit der Geschlechter in der Renaissancemode widerspricht der verschiedentlich geäußerten These, dass die Unterscheidung zwischen männlicher und weiblicher Mode erst seit Beginn des 17. Jahrhunderts existiere. Vgl. Schmelzer-Ziringer 2018, S. 221f.

5   Rublack 2010, S. 21. Diese neue visuelle Kultur ist im Übrigen auch gerade in der Frömmigkeit festzustellen: „The importance of seeing in late medival piety becomes clear when we realize that just looking upon relics afforded forgiveness of sin. The enormous visual culture of reliquaries, altarpieces, and church architecture [...] was designed to convert the sacred into a visual experience" (Morgan 1998, S. 60).

6   Vgl. Fircks 2018, S. 42; Günther / Zitzlsperger 2018, S. 2. Insgesamt zu dieser These vgl. Barnard 2008; Lehnert 2015; Langbein 2019; Grigo 2021.

7   Beide Zitate: Wenrich 2021, S. 27.

8   Sellmann 2002, S. 24. Es ist auffallend, dass viele Analysebegriffe wie die Betonung und Herausstellung von Individualität, das ästhetische Spiel mit Mode oder auch die Herausstellung der geschlechterdifferenzierten Körperlichkeit, mit denen die Kleidung der Gegenwart beschrieben wird, in ähnlicher Weise für die Renaissance verwendet werden. Vgl. für die Gegenwartsanalyse auch Ammicht Quinn 2002.

9   Vgl. Kap. 5, Kat. Nr. 3 (Inv. Nr. 2.11, 2.12) und Kat. Nr. 6 (Inv. Nr. 2.49).

10   Vgl. Kap. 5, Kat. Nr. 8 (Inv. Nr. 2.65, 2.66) und Kat. Nr. 9 (Inv. Nr. 2.8).

11   Vgl. Kap. 5, Kat. Nr. 1 (Inv. Nr. 2.41).

12   Vgl. Kirves 2018, S. 121.

13   „Licht scheint die Szenen zu beleuchten, die plastisch hervortretenden Figuren werden durch Schlagschatten am Boden verankert, und durch Lichteffekte lassen sich verschiedene Oberflächen und Materialien [...] unterscheiden" (ebd., S. 127).

14   Ulinka Rublack nennt in ihrem Buch über den Zusammenhang von Kleidung und kultureller Identität in der Renaissance drei markante Beispiele aus Florenz: Dort gab es 1427 866 Schneider und 909 Mützen- und Hutmacher. Ein Weber von Brokatsamt verdiente im 15. Jahrhundert in Florenz mehr als ein zweiter Kanzler, und eine Patrizierfamilie war bereit, 40 % ihres Einkommens in Kleidung zu investieren. Vgl. Rublack 2010, S. 6.

15   Vgl. ebd., S. 7.

16   Ebd., S. 10.

17   Vgl. Morgan 2018, S. 97f.

18   Vgl. dazu auch Mann 2018, S. 106f.

19   Tracy 2018, S. 11.

20   Vgl. Morgan 1998, S. 61–63.

21   Vgl. Tracy 2018, S. 13. Tracy führt die optimistische Grundhaltung auf die Analogienlehre zurück, die die katholische Theologie insgesamt kennzeichne. Die analoge Sprache artikuliert die Gemeinsamkeiten wie Unterschiede zwischen dem Menschen und dem Rest der Schöpfung einerseits, dem Menschen und dem sich in Jesus Christus offenbaren Gott andererseits. Gott und Kosmos, Gott und Mensch, Mensch und Kosmos können in ein Verhältnis zueinander gesetzt werden. Vgl. ebd., S. 13f.

22   Ebd., S. 15.

23   Vgl. ebd., S. 15f. Noch generalisierender formuliert: „Clothing generally has positive connotations in Catholicism; it symbolizes honor and dignity" (Gallo 2018, S. 17).

24   Vgl. Gallo 2018, S. 17.

25   Peterson 1934, S. 352.

26   Vgl. zur Interpretation Petersons Eberlein-Braun 2021, S. 49. Zu einer Neuinterpretation einer *fashion theology* vgl. Covolo 2020.

27   Vgl. Ammicht Quinn 2002, S. 90.

28   Vgl. jüngst Janzen 2021.

Literatur

Ammicht Quinn, Regina: Ver/Kleidung. Mode, Körper und die Frage nach dem Sinn, in: Matthias Sellmann (Hg.): Mode. Die Verzauberung des Körpers. Über die Verbindung von Mode und Religion (WeltAnschauungen 3), Mönchengladbach 2002, S. 81–90.

Covolo, Robert: Fashion Theology, Waco 2020.

Barnard, Malcolm: Fashion as Communication, London 2008.

Eberlein-Braun, Katharina: Mode und Theologie. Zwischen Kulturhermeneutik, Neuland und Transzendenz, in: Thomas Klie / Jakob Kühn (Hg.): FeinStoff. Anmutungen und Logiken religiöser Textilien (Praktische Theologie heute 178), Stuttgart 2021, S. 39–52.

Fircks, Juliane von: The Pourpoint of Charles de Blois. Men's Fashion in the Fourteenth Century, in: Sabine de Günther / Philipp Zitzlsperger (Hg.): Signs and Symbols. Dress at the Intersection between Image and Realia, Berlin / Boston 2018, S. 39–58.

Gallo, Marzia Cataldi: Sacred Vestments. Color and Form, in: Heavenly Bodies. Fashion and the Catholic Imagination (Ausst. Kat. The Metropolitan Art Museum New York, 10. Mai bis 8. Oktober 2018), hg. von Andrew Bolton u. a., Bd. 1: The Vatican Collection, New Haven / London 2018, S. 17–24.

Grigo, Jacqueline: Kleidung als soziales Totalphänomen, in: Thomas Klie / Jakob Kühn (Hg.): FeinStoff. Anmutungen und Logiken religiöser Textilien (Praktische Theologie heute 178), Stuttgart 2021, S. 53–69.

Günther, Sabine de / Zitzlsperger, Philipp: Introduction, in: Dies. (Hg.): Signs and Symbols. Dress at the Intersection between Image and Realia, Berlin / Boston 2018, S. 1–6.

Janzen, Svea: Wege ins Museum – Zur Musealisierung mittelalterlicher Kunst im 18. und 19. Jahrhundert, in: Spätgotik. Aufbruch in die Neuzeit (Ausst. Kat. Staatliche Museen zu Berlin – Gemäldegalerie, 1. Mai bis 5. September 2021), hg. von Michael Eissenhauer für die Staatlichen Museen zu Berlin, Berlin 2021, S. 20–27.

Kirves, Martin: Die Textilisierung des Goldgrundes. Abstoßung und Attraktion des Gegensätzlichen, in: Mateusz Kapustka u. a. (Hg.): Falten-Muster. Texturen von Bildlichkeit (Textile Studies 9), Emsdetten / Berlin 2018, S. 119–145.

Langbein, Ulrike: Die Macht des Selektiven. Ein kulturanalytischer Blick auf musealisierte Kleidung, in: Gudrun M. König / Gabriele Mentges (Hg.): Musealisierte Mode. Positionen, Thesen, Perspektiven, Münster 2019, S. 107–119.

Lehnert, Gertrud: Mode als kulturelle Praxis, in: Christa Gürtler / Eva Hausbacher (Hg.): Kleiderfragen. Mode und Kulturwissenschaft (Fashion studies), Bielefeld 2015, S. 29–44.

Mann, C. Griffith: A Vision of Beauty. Fashioning Heaven on Earth, in: Heavenly Bodies. Fashion and the Catholic Imagination (Ausst. Kat. The Metropolitan Art Museum New York, 10. Mai bis 8. Oktober 2018), hg. von Andrew Bolton u. a., Bd. 2: Fashioning Worship / Fashioning Devotion, New Haven / London 2018, S. 106–108.

Morgan, David: Visual Piety. A History and Theory of Popular Religious Images, Berkeley / Los Angeles / London 1998.

Morgan, David: Vestments and Hierarchy in Catholic Visual Piety, in: Heavenly Bodies. Fashion and the Catholic Imagination (Ausst. Kat. The Metropolitan Art Museum New York, 10. Mai bis 8. Oktober 2018), hg. von Andrew Bolton u. a., Bd. 2: Fashioning Worship / Fashioning Devotion, New Haven / London 2018, S. 97–103.

Panofsky, Erwin: Early Netherlandish Painting. Its Origins and Character, Cambridge (Mass.) 1953.

Peterson, Erik: Theologie des Kleides, in: Benediktinische Monatsschrift zur Pflege religiösen und geistigen Lebens 16, 1934, S. 347–356.

Rublack, Ulinka: Dressing Up. Cultural Identity in Renaissance Europe, Oxford / New York 2010.

Schmelzer-Ziringer, Barbara: The History of Fashion as the History of Power in Images. The Genesis of the Gendered Bourgeois Silhouette in the Era of Courtly Absolutism, in: Sabine de Günther / Philipp Zitzlsperger (Hg.): Signs and Symbols. Dress at the Intersection between Image and Realia, Berlin / Boston 2018, S. 221–243.

Scott, Margaret: Kleidung und Mode im Mittelalter, Darmstadt 2009.

Sellmann, Matthias: Mode und Moderne. Körperspuren zwischen Vertreibung und Verzauberung, in: Ders. (Hg.): Mode. Die Verzauberung des Körpers. Über die Verbindung von Mode und Religion (WeltAnschauungen 3), Mönchengladbach 2002, S. 9–24.

Tracy, David: The Catholic Imagination. The Example of Michelangelo, in: Heavenly Bodies. Fashion and the Catholic Imagination (Ausst. Kat. The Metropolitan Art Museum New York, 10. Mai bis 8. Oktober 2018), hg. von Andrew Bolton u. a., Bd. 1: The Vatican Collection, New Haven / London 2018, S. 10–16.

Wenrich, Rainer: Die zweite Haut spricht. Vestimentäre Kommunikation in Theorie und Praxis, in: Thomas Klie / Jakob Kühn (Hg.): FeinStoff. Anmutungen und Logiken religiöser Textilien (Praktische Theologie heute 178), Stuttgart 2021, S. 23–38.

Katalog

5. Sakrale Kunst – textile Botschaften

Beispiele
aus der Sammlung des Diözesanmuseums

1 Anna Selbdritt

Jörg Stocker
Ulm, um 1490
Inv. Nr. 2.41
Nadelholz
Höhe 148,4 cm, Breite 77,4 cm, Stärke 0,3–0,5 cm[1]

Die Tafel war Teil der ehemaligen Festtagsseite eines Retabelaltars und zeigt in großer Monumentalität ein klassisches Motiv spätmittelalterlicher Sakralkunst: Anna, wie die christliche Tradition die Mutter Mariens nennt, tritt den Betrachtenden frontal mit zwei Personen im Arm entgegen, ihrer Tochter Maria und ihrem Enkelsohn Jesus. Maria ist als Mädchen in einem blauen Gewand dargestellt und erhält durch das offene Haar die Jugendlichkeit, die einem Kind auf dem Arm seiner Mutter angemessen ist. Jesus sitzt in seiner ikonographisch typischen Kleinkindergestalt auf dem Arm seiner Großmutter, hier aber ohne Leinentuch oder Windel. Die Nacktheit Jesu spielt auf die christologische Selbstentäußerung an, mit der Gott Mensch wurde und die in der Bibel immer wieder aufgegriffen wird (etwa Phil 2,5–11).[2]

In diesem Bild stimmen die Größenverhältnisse in keiner Weise: Das junge Mädchen Maria ist gleich groß dargestellt wie der Säugling und beide werden von der monumentalen Gestalt der Großmutter getragen, deren Kopf viel zu klein ist im Verhältnis zu ihrem Gewand. Während der Kopf eine schlanke Gestalt vermuten lässt, bauscht sich der rote Übermantel zu erstaunlicher Plastizität auf

und verleiht – zusammen mit dem leuchtenden Rot – dem gesamten Bild eine stoffliche Schwere in der Bildmitte. Mantel, mit grüner Innenseite und feiner Schriftbordüre verziert, und blaues Untergewand sind in reiche Falten gelegt. Der weiße Schleier verhüllt Hals und Haare. Insgesamt ist die textile Plastizität dieser streng und ruhig blickenden Figur enorm. Überreich, so kann man lesen, ist die Gnade, die von den beiden Personen ausgeht, die sie in ihrem Arm trägt. Blau, die Farbe des Untergewandes, ist oft die Farbe Mariens; rot die Farbe Jesu, der sein Blut vergossen hat, aber auch eine hoheitliche Farbe des spätmittelalterlichen Adels.

Weniger die Gestalt als vor allem die Textilien qualifizieren Anna hier als „wahre Stammmutter" bzw. *„Mater Matris Dei"*[3]. Der Schleier markiert den heilsgeschichtlichen Unterschied zwischen den beiden Frauen: Während Annas Haare als Zeichen ihrer Mütterlichkeit bedeckt sind, zeigen die unbedeckten Haare Mariens ihre Jungfräulichkeit an. Nicht nur die Monumentalität der Gesamtaussage ist also mit Textilien herausgearbeitet, sondern auch heilsgeschichtliche Informationen.

2 Johannes der Täufer

Jörg Stocker
Ulm, um 1490
Inv. Nr. 2.44
Nadelholz
Höhe 148,5 cm, Breite 76,5 cm, Stärke 0,3–0,5 cm[4]

Die Tafel bildete die Festtagsseite eines rechten Altarflügels, auf der linken Festtagsseite war Anna Selbdritt[5] dargestellt, die äußere Werktagsseite bildeten zwei Tafeln einer Verkündigungsszene.[6] Der hier dargestellte Johannes, der Asket in der Wüste, bezeichnet sich als Vorläufer und Türöffner Jesu Christi und tauft ihn im Jordan (Mt 3, Lk 3, Mk 1). Diesem biblischen Bericht folgt die klassische Ikonographie des Täufers: Eine hagere Gestalt, langes Haar und ein härenes Gewand weisen auf sein Asketentum hin. Der Zeigegestus, das Buch und das Lamm referieren auf seinen Ausruf „Seht, das Lamm Gottes", als er Jesus erblickt (Joh 1,29). In dieser Darstellung wird das braune, härene Gewand durch einen grünen Mantel ergänzt, der sich vor dem Unterleib des Täufers sowie auf dem Boden in Falten bauscht. Der Mantel korrespondiert in Farbigkeit und Gestaltung mit den anderen Gewändern dieser Tafelgruppe: Alle vier Mäntel sind in leuchtende Falten geworfen, nehmen viel Bildraum ein und sind mit einer Bordüre mit goldener Fantasieschrift geschmückt. Die Figuren gewinnen durch die Fülle und Tiefe der vielen Mantelfalten deutlich an Lebendigkeit. Auch inhaltlich lässt sich ein Bezug zur zentralen Verkündigungsszene des ehemaligen Altars schaffen: Im Lukasevangelium begegnen sich Johannes und Jesus bereits, als sie beide im Mutterleib und noch nicht geboren waren (Lk 1,39–56); der Prolog des Johannesevangelium wiederum weist Johannes eine prominente Rolle als Zeuge zu. Die legendarische Großmutter Anna auf der linken und der Täufer auf der rechten Seite gehören also zum frühen Leben Jesu, dessen Geburt in der Mitte angekündigt wird.

Bei näherem Betrachten bleibt aber unklar, ob das leuchtend hellgrüne Textil mit blauer Innenseite überhaupt ein Mantel ist. Johannes trägt ihn nicht über die Schultern gelegt. Der einzige Halt scheint der linke Arm zu sein, über den der Mantel geschlungen ist. Auf diese Weise enthält das obere Drittel der Tafel eine klassische Johannes-Ikonographie und zeigt einen bärtigen Mann mit Zeigemodus, Lamm und Buch. In der unteren Hälfte hingegen wird durch das wertvolle Stück Stoff – sowie den Goldbrokathintergrund und den gekachelten Fußboden – die Gesamtaussage des Asketen deutlich zurückgenommen und in die edle Umgebung der anderen Tafeln eingefügt. Auch in dieser Tafel stimmen die Proportionen nicht: Die Beine sind überlang, der Kopf und die Attribute zu klein, der grüne Faltenwurf enorm. Der Künstler ersetzt hier aber nicht einfach die Täufer-Ikonographie, sondern fügt der klassischen Ikonographie ein dominierendes Textil bei, das die Tafel in die noble Gesamtwirkung des Retabelaltars einfügt und den Asketen zum Heiligen macht.

3 Barbara von Nikomedien, Maria Magdalena – Katharina von Alexandrien und Ursula von Köln

Schwaben, um 1475
Inv. Nr. 2.11, 2.12
Nadelholz
Höhe 160,0 cm, Breite 46,4/46,0 cm, Stärke 3,5 cm[7]

Eine besondere textile Nobilität entfaltet die Darstellung dieser vier Märtyrerinnen. Die Frauen tragen Turbane und schwere Gewänder mit Pelzbesatz, über die sich kostbare Mäntel legen. Nur Maria Magdalena ist mit jenem offenen Haar dargestellt, das sie als Sünderin markiert und zugleich auf die Perikope anspielt, in der eine Frau Jesus die Füße wäscht und mit ihrem Haar trocknet (Lk 7,36–50). Der Farbkanon der Gewänder ist registriert: Während Barbara und Katharina im oberen Register rote Gewänder und einen blauen bzw. grünen Mantel tragen, sind Magdalena und Ursula umgekehrt mit grünem bzw. blauem Gewand und rotem Mantel dargestellt. Diagonalverbindungen ergeben sich über die Gewanddrapierungen und Farben: Barbara und Ursula tragen ihre Mäntel über beide Schultern und sind komplementär in den Farben rot und blau gehalten, bei Katharina und Magdalena bleibt jeweils eine Schulter offen, sie sind in den Farben grün und rot dargestellt.[8] Die Turbane vertiefen die Diagonalwirkung: Barbaras und Ursulas Turbane spielen mit der Farbe weiß, während Katharinas in Gold gehalten ist. Die Farbe und die Schleppe des Turbans schaffen eine Verbindung zur diagonal dargestellten Magdalena mit ihrem langen goldenen Haar.

Insgesamt inszenieren die „Verbindung von schmalen Körpern und voluminösen Gewändern […] sowie die gezierten Handhaltungen"[9] den Habitus und Stil von edlen Damen. Die unauffälligen Attribute passen sich in ihrer Gestaltung dem noblem Umfeld an: verziertes Salbölgefäß und goldenes Rad, Schwert und Pfeil, Buch und Kelch, schließlich ein Turm, der eher nach Schloss als nach Gefängnis aussieht.[10] Gleichzeitig garantieren die Attribute die Kontinuität der Bildtradition und ermöglichen so eine textile Umcodierung von vier Märtyrerinnen, die nach mittelalterlicher Erzähltradition einen grausamen Tod erlitten, weil sie sich für den christlichen Glauben entschieden hatten, zu adeligen Damen. Der Goldgrund holt nach mittelalterlicher Auffassung die Transzendenz ins Bild. Gerade bei einer solchen Darstellung von Märtyrerinnen kann er aber beides sein: einerseits die Perspektive der Transzendenz und der Verwandlung des irdischen in himmlisches Leben, andererseits der passende Rahmen für diese vier edlen Frauen.[11] Interessant ist schließlich, dass das Rankenmuster, das in den Goldgrund geritzt wurde, dem Hintergrund insgesamt eine textile Qualität verleiht und an einen Vorhang oder Wandteppich denken lässt.

Bei drei Damen ragt der Schnabelschuh über die Bildkante hinaus, genau wie die Mäntel und das Schwert. Dieser optische Effekt wird wie das angedeutete Beleuchtungsprinzip und die ausgearbeitete Plastizität der Figuren auf die malerischen Innovationen der Brüder van Eyck zurückgeführt.[12] Wie in den Werken der niederländischen Künstler zeigt sich gerade in der Gestaltung der Textilien der Paradigmenwechsel in der spätmittelalterlichen Malerei: Sie ist erstmals in der Lage, „optische[] Erscheinungen wie Glanz, Spiegelungen und Transparenz"[13] darzustellen, und tut dies auch in den Textilien.

4 Anbetung der Könige

Meister des Riedener Altars
Schwaben (Ulm?), um 1460/70
Inv. Nr. 2.13
Nadelholz
Höhe 118,0 cm, Breite 112,5 cm, Stärke 0,5 cm[14]

Eine Bildtradition, in der bunte Textilien eine bedeutende Rolle spielen, ist die Anbetung der Könige.[15] Typischerweise tragen diese prächtige Kleidung und bilden unterschiedliche Lebensalter ab, typischerweise ist der jüngste König in der süddeutschen Malerei des Spätmittelalters mit schwarzer Haut dargestellt. Hier liegt der Fokus auf den Reaktionen der Könige auf die anbrechende Herrschaft des Gotteskindes: Während der schwarze König seine Hand demonstrativ an sein Schwert legt, scheint der mittlere sich erklärend zu dem jüngeren König umzuwenden. Der älteste von ihnen aber hat seine Krone abgelegt und ist auf die Knie gesunken. Eine paarige Anordnung der Personen unterstreicht den Fokus des Bildes: Die Köpfe der beiden stehenden Könige verlaufen ebenso auf einer Höhe wie die des Kindes und des knienden Alten. Im Bildzentrum steht nicht der Gottessohn, sondern mit dem knienden König die angemessene Reaktion auf seine Ankunft.[16]

Diese Perspektive wird durch die Textilien unterstrichen. Der junge, selbstbewusste König ist dabei der auffälligste: „Mit seinen modischen Schnabelschuhen, seiner Prunkausrüstung, dem aus Goldbrokat und Hermelinpelz bestehenden Wams und dem roten Mantel mit Goldkragen repräsentiert er die weltliche, höfische Eleganz am eindrucksvollsten."[17] Ein prachtvolles Gefäß für die Myrrhe in seiner Hand, der Gürtel aus Tiermasken, die edelsteinbesetzte Mantelschließe und die Lilienkrone vollenden seine elegante Erscheinung. Die Kleidung des mittleren Königs ist dezenter, wenn auch nicht weniger wertvoll gestaltet. Er trägt ein dunkelblaues Gewand mit Puffärmeln, einen pelzverbrämten Mantel, zwei edelsteinbesetzte Agraffen und eine Krone. Der älteste König schließlich kniet mit barem Haupt vor Mutter und Kind. Er trägt zwar einen kostbaren Brokatmantel – die stereotype Königskleidung –, aber keinen Schmuck. Körperhaltung, Kleidung und fehlender Schmuck korrespondieren zu einer demütig-anbetenden Gesamtbotschaft.

Das Bild bietet mit den Tüchern noch eine weitere Spur. Die beiden stehenden Könige tragen unter ihren Kronen roséfarbene Turbane. Der Mittlere hält darüber hinaus zwei Tücher dieser Farbe in der Hand bzw. um den Arm gelegt. Der Kniende hingegen trägt ein gräuliches Tuch, das er um seine Hände und seinen Leib gewickelt hat, um die Goldtruhe zu präsentieren. Dieses gräuliche Tuch geht in die Mantelfalten Mariens über. Damit bilden die weißlichen Tücher auf den ersten Blick eine Verbindung zwischen allen drei Königen, auf den zweiten Blick ergibt sich die bereits angesprochene Paarbildung, die den knienden Alten mit dem Kind und seiner Mutter verbindet. Man könnte spekulieren, dass das gräuliche Tuch eine Anspielung auf die Windel ist, die das Kind ausgerechnet in dieser textilen Prachtentfaltung nicht trägt. Hier ist es nackt, als Zeichen der göttlichen Selbstentäußerung, ganz im Gegensatz zur Mutter, die sich mit dunkelgrünem Mantel und Aureole als „Thron Christi"[18] präsentiert. Auch hier unterstützt ein textiles Element die Deutung, ein fast verstecktes Thronkissen am rechten Bildrand. Wie Kind und Greis trägt die Mutter die Haare offen sowie ein dezentes Stirnkreuz, gleichermaßen ein Verweis auf ihre Rolle als *ecclesia* und auf die Passion des Kindes auf ihrem Schoß.

5 Georg und Erzengel Michael

Oberrhein (?), um 1480/90
Inv. Nr. 2.37
Nadelholz
Höhe 48,8 cm, Breite 27,3 cm, Stärke 1,6 cm[19]

Das heute zu sehen Kunstwerk wurde erst nachträglich zu einer Tafel vereint, was inhaltlich und in der Darstellung aber durchaus passend ist, sind doch zwei Ritter dargestellt. Georg tötet mit einer Lanze einen Drachen. Michael steht mit erhobenem Schwert und großen Flügeln da. Er hält als Seelenwäger die Waage in der Hand, in deren Schalen sich ein betender Sünder sowie ein Mühlstein befinden. Die Attribute sind kaum auszumachen: Der Drache ist zwischen dem Mantel und den Füßen Georgs beinahe nicht zu erkennen und wirkt als Fabeltier mit geringeltem Schwanz für den Rüstungsträger auch nicht unmittelbar bedrohlich. Der Blick Georgs ist nicht auf das Tier gerichtet, das er gerade tötet, sondern schwebt unbestimmt. Die Waage in der Hand des Erzengels Michael ist vor seiner Rüstung ebenfalls kaum sichtbar. Dagegen legt das Bild großen Wert auf die beiden Attribute, die einer ritterlich-höfischen Welt entsprechen: auf die Lanze Georgs und das Schwert Michaels. Dominiert wird der Bildraum von den schwarzen Metalluniformen und den roten Mänteln der Figuren.

Die christliche Bildtradition bietet für diese ritterliche Lebenswelt den Bildtypus des *miles Christi*. Versammelte man unter diesem Begriff im Frühmittelalter noch religiöse Eliten, insbesondere Märtyrer und Asketen, so wurde er im Zuge der Kreuzzüge auch auf weltliche Ritter und Adelige übertragen, die sich im Kampf für die Gottesherrschaft Christi engagierten.[20] Der ältere Bildtypus des *miles Christi* wird in der Rottenburger Tafel auf zwei Heilige übertragen, die in der Spätantike zum Drachentöter bzw. aufgrund einiger Verse in der Offenbarung des Johannes (12,7–9) zum Bezwinger Satans stilisiert wurden. Die Erkennungsmerkmale der beiden – Drachen und Waage – treten hier aber visuell völlig gegenüber den Rüstungen und den markant positionierten Waffen zurück. Die Rüstungen und die langen blonden Locken der beiden Figuren sind gekonnt ausgeleuchtet und scheinen ein von vorne kommendes Licht zu reflektieren.[21] Die Aureolen sind mit Strahlen verziert und geben ebenso wie die fein gearbeiteten Engelsflügel Michaels das Licht wieder. Ganz offensichtlich verfolgen Aureolen und Flügel hier die alte Idee, dass Gold keine Farbe ist, sondern die Göttlichkeit im Bild wiedergibt.

Die Gewandung führt im Ergebnis auch in diesem Bild zu einer Transformation der Heiligen: Hier werden nicht Drachentöter und Seelenwäger dargestellt. Der eschatologische Kontext, in dem Michael die Seelen wägt, entfällt ebenso wie die Grausamkeit einer Drachentötung. Vielmehr sind hier zwei junge adrette Ritter zu sehen.

6 Erzengel Michael – Margareta von Antiochien

Meister des Hausbuchs (Umkreis)
Mittelrhein, um 1490
Inv. Nr. 2.49
Nadelholz
Höhe 130,0 cm, Breite 45,0 cm, Stärke 0,8 cm[22]

Das Werk zeigt den Erzengel Michael nicht in ritterlicher Kleidung, wie er im Spätmittelalter häufig dargestellt wird, sondern in priesterlichem Ornat. Michael führt mit dem Schwert und der Seelenwaage dieselben Attribute bei sich wie auf der Rittertafel[23] – und doch entsteht durch die Gewandung mit Albe, grünem Pluviale und Priesterstola eine andere Aussage. Michael hat sein Schwert in geradezu meditativer Geste erhoben, um den Angriff des Teufels abzuwehren, der bereits einen Mühlstein in die rechte Waagschale geworfen hat und nun versucht, sie mit seinem ganzen Gewicht nach unten zu ziehen. Während die Seelenwaage in der anderen Darstellung des Museums in der Ritterrüstung visuell untergeht, ist sie hier unmittelbar im Blick, auch weil Michaels Blick nach unten zeigt und deshalb auch den Blick der Betrachterinnen und Betrachter nach unten lenkt. Die prächtigen grün-roten und gefiederten Engelsflügel sowie die Olivenzweige auf dem Haupt geben dem Engel etwas Friedfertiges.

Die Priestergewandung weckt aber noch eine weitere Assoziation. Wenn der Engel hier als Priester dargestellt wird, der die Seele vor dem Teufel rettet, wird damit auch auf die heilbringende Wirkung der Eucharistie angespielt, die der Priester im Ornat feiert und die nach spätmittelalterlichem Messverständnis Gott als Opfer für die Rettung der Seelen im Fegefeuer dargebracht wird. Der Ornat als liturgisches Gewand eröffnet damit den Deutungshorizont, dass Michael hier für jeden Priester steht, der in der Eucharistie quasi um das Heil der Seelen kämpft.

Margareta von Antiochien ist auf der Werktagsseite der Tafel in ebenso friedlicher Weise dargestellt. Ihr fast zärtlicher Blick geht auf den Drachen, der es sich zu ihren Füßen wie ein kleiner Hund bequem gemacht hat. Der Legende nach entkommt sie diesem Drachen, der sie im Gefängnis bedroht, indem sie ein Kreuz schlägt. Dieses Kreuz, neben dem Drachen und dem Buch ihr ikonographisches Attribut, hält sie als langen Stab in der Hand. Die Gestalt Margaretas ist derjenigen des Erzengels auf der Festtagsseite sehr ähnlich gestaltet: grün, rot und weiß in der Farbigkeit des Gewandes, goldene Locken, sanfter Blick.

7 Martyrium des hl. Sebastian

Meister des Wimpfener Quirinusretabels
Wimpfen, um 1490/1500
Inv. Nr. 2.68, 2.69
Nadelholz
Höhe 123,3/123,1 cm, Breite 59,9/59,2 cm, Stärke 0,5 cm[24]

Die schlanke Gestalt eines jungen Mannes schmiegt sich an einen Baumstamm. Zwei kaum sichtbare Seile deuten an, dass Sebastian der Bildtradition nach an den Baum gefesselt ist – hier allerdings scheint er in geradezu tänzerischer Haltung den Tod zu erwarten.[25] Der grazil erhobene Arm und die versetzten Beine erinnern an eine Balletthaltung, der Körper zeigt nur dezente Spuren einer Gewalteinwirkung. Sebastian trägt ein weißes Lendentuch, dessen Knotung an das Lendentuch Jesu erinnert, und einen roten Mantel; sein Haupt schmückt eine mit mehreren Ringen verzierte Aureole. Der in vertikale Falten geworfene Mantel betont die schmale Gestalt und die stark vertikale Blicklenkung des Bildes. Geradezu geschmückt ist der elfenbeinfarbene Körper mit Pfeilen, deren Federn in bunten Farben leuchten. So wird der überzeitliche Status Sebastians als Heiliger inszeniert.

Vieles auf diesem Bild ist unnatürlich: die Wuchsform der Bäume, die überlangen Füße und Beine Sebastians, die Pfeile, die ohne Krümmung den Körper durchbohren, die Belichtung des Körpers und des Gewandes im Vergleich zum verdunkelten Hintergrund, der Faltenwurf von Lendentuch und Mantel. Der rote Mantel erst gibt der schmalen, tänzelnden Gestalt aber eine enorme Bedeutungstiefe: Seine blutrote Farbe erinnert einerseits an das Martyrium, vor dem Sebastian unmittelbar steht, andererseits an den roten Mantel, der Jesus nach dem Bericht der Evangelien von den Soldaten nach der Geißelung umgelegt wurde (Joh 19,2) und den der Auferstandene in der christlichen Bildtradition trägt.[26] Nackt und mit Lendenschutz und Mantel verweist der schöne junge Mann auf Christus, sein Marterbaum auf den Baum des Lebens.[27] Der rote Mantel steht farblich wie konzeptionell im Zentrum des Bildes, er verweist auf den christlichen Gesamtzusammenhang von Tod und Auferstehung. Über die Textilien vermittelt, steht hier ein *alter Christus*, der den gewaltsamen Tod ebenso geduldig ertragen kann wie sein Vorbild und der bereits um seine Auferstehung weiß.

Während Sebastian durch die Textilien in einen gänzlich heilsgeschichtlichen Kontext gestellt wird, bilden seine Peiniger eher eine spätmittelalterliche Vergnügungsgesellschaft ab. Auch hier ist die Dramatik des Geschehens zugunsten einer inszenierten Präsentation von Stoffen und ästhetisch geformten Waffen abgemildert. Betrachtet man die Tafel ohne die korrespondierende Sebastian-Darstellung, zeigt sie drei Männer mit ebenfalls überproportional langen Körperteilen in prächtiger, höfischer Kleidung: Einer trägt ein rotes Wams mit Puffärmeln und einen Fuchsschwanz, dessen Fell wunderbar herausgearbeitet ist, ein zweiter hat die Ärmel seines mit Schlitzmustern verzierten Wamses in den Gürtel gesteckt, der Dritte trägt einen pelzverbrämten Mantel und korrespondierend ein blaues Unterkleid sowie einen blauen und einen vertikal bunt gestreiften Strumpf, ein buntes Band liegt um seinen Hals. Auf diese Weise wird auf der Bildebene jede Dramatik herausgenommen. Mit Hilfe der Textilien wird auf der einen Tafel Sebastian zum *alter Christus*, auf der anderen werden Folterknechte zu einer Jagdgruppe umcodiert, ohne dass die ursprüngliche Martyriumsikonographie aufgegeben wurde.

8 Nikolaus von Myra und Gregor der Große – Katharina von Alexandrien und Barbara von Nikomedien

Meister des Wimpfener Quirinusretabels
Wimpfen, um 1490/1500
Inv. Nr. 2.65, 2.66
Nadelholz
Höhe 133,8/133,9 cm, Breite 59,1/60,0 cm, Stärke 0,6 cm[28]

Die vier länglichen Figuren auf den beiden Tafeln sind von einem vergoldeten Granatapfelmuster hinterfangen, das in eine Leim-Kreide-Schicht graviert wurde, ebenso wie die Nimben. Auf diese Weise entsteht in deren Bereich ein filigraner goldener Übergang vom Hintergrund zu den Figuren. Der Gesamteindruck der Tafeln ergibt sich aber aus den Gewändern und Kopfbedeckungen, Gewänder, die umso prächtiger erscheinen, da sie im Verhältnis zu den Köpfen viel Raum einnehmen. Bischof Nikolaus von Myra ist im Ornat mit einer Mitra und einem prächtigen Bischofsstab mit figürlicher Krümme dargestellt. Papst Gregor der Große trägt auch Ornat sowie die päpstliche Tiara und das Patriarchenkreuz in der rechten Hand. Beide haben goldene Brokatkaseln angelegt, ihre weißen Alben stauchen auf dem Boden auf und zeigen eine weiße Stofffülle. Jeweils ein Schuh spitzt gerade so weit aus dem Stoff hervor, dass die das Bild Betrachtenden gewiss sein können, dass es sich um Schnabelschuhe handelt. Die schweren Mäntel in blau und rot haben Brokatbordüren, goldene Schließen und sind mit Edelsteinen geschmückt. Die beiden Kleriker tragen weiße Handschuhe; über die feinen Finger sind goldene Ringe gestülpt.

Katharina trägt ein Brokatgewand und einen grünen Mantel. Auffällig ist das Rad, das hier einerseits mit spitzen Metallelementen versehen ist, andererseits aber zerbrochen zu den Füßen der Heiligen liegt. Barbaras Brokat-kleid ist um einen roten Mantel und ein weißes Untergewand ergänzt. Diese dreiteilige Kleidungsform erinnert stark – vor allem mit dem Kelch und der Hostie in der Hand – an den Ornat eines Priesters, also an Albe, Kasel und Mantel, wie ihn auch die beiden Kleriker auf der benachbarten Tafel tragen. Diese visuelle Analogie ist sicher kein Zufall.

Die Textilien schaffen vielfältige Bezüge zwischen den Personen. Zunächst sind Nikolaus und Gregor farblich verbunden: Das Blau des Mantels von Nikolaus spiegelt sich in einem blauen Streifen auf der Albe Gregors ebenso wider wie in den blauen Pendilienbändern seiner Tiara. Umgekehrt findet sich das Rot des Mantels Gregors ebenfalls auf der Albe und in den Pendilienbändern des Nikolaus. Auch zwischen den Tafeln finden sich solche Bezüge. Gregor und Katharina sind jeweils in ein blaues Buch in ihren Händen vertieft und halten etwas Längliches – den Patriarchenstab bzw. den Palmzweig – in der Hand. Beide tragen eine Form von goldener Krone auf dem Haupt. Das Grün des Mantels von Barbara findet im grünen Futter des Mantels von Gregor und in der Kaselbordüre bei Nikolaus wieder. Nikolaus und Barbara sind durch die goldenen Kugeln bzw. den goldenen Kelch miteinander verbunden, die sie in den Händen tragen. Die Farben der rosé-weißen Mitra finden sich in den feinen Blüten des Blumenkranzes wieder, den Barbara auf dem Kopf trägt.

9 Ulrich von Augsburg, Afra von Augsburg und Simpertus von Augsburg

Thoman Burgkmair
Augsburg, um 1492
Inv. Nr. 2.8
Nadelholz
Höhe 125,7 cm, Breite 109,5 cm, Stärke 0,5 cm[29]

Die beiden Tafeln (Kat. Nr. 9 und Kat. Nr. 10) bilden die Festtags- und die Werktagsseite eines Altars und wurden vermutlich im Kontext der Neugestaltung der Benediktinerabteikirche St. Ulrich und Afra in Augsburg geschaffen; der Altar war wohl für die Simpertus-Kapelle dieser Kirche bestimmt. Die Festtagsseite versammelt die drei Augsburger Stadtheiligen, die zugleich die Stadtgeschichte repräsentieren: Die Märtyrerin Afra steht für die römische, Bischof Simpertus für die karolingische und Bischof Ulrich für die ottonische Zeit Augsburgs. Afra ist in das Zentrum des Bildes gerückt, auch perspektivisch ist sie vor die beiden sie umgebenden Bischöfe gestellt. Die dramatischen Heiligenattribute geraten kaum in den Blick, weder die Flammen an der Geißelsäule, an die Afras Hände geknotet sind, noch der Wolf mit einem Kind im Maul, der zur Ikonographie des Simpertus gehört. Alle drei Heiligen führen vertikale Attribute bei sich: Neben Afras Geißelsäule sind es die beiden prächtigen Bischofsstäbe, die aber nicht aussehen wie solche, die aus dem Spätmittelalter überliefert sind. An beiden Bischofsstäben ist jeweils am Knauf ein Tuch angebracht, der sogenannte Pannisellus.[30]

Farbe wird in diesem Werk über die Textilien vermittelt. Einerseits bildet ein goldgewirkter Gobelin, der von Miniaturkreuzen gerahmt ist, den Hintergrund aus. Seine dunkelroten Fransen sind im mittleren Bildfeld zu erkennen. Teppiche waren die typische Wandverkleidung, die sowohl an den Höfen als auch in den Kirchen und innerhalb der Liturgie als Wandschmuck oder raumteilende Vorhänge zum Einsatz kam.[31] Andererseits tragen alle drei Personen farbenprächtige, mehrlagige Gewänder. Die Bischöfe sind mit liturgischem Gewand bekleidet: rote, mit goldenen Mantelschließen verschlossene Mäntel, Dalmatiken, Stolen und darunter überlange Alben, die auf dem Boden in kunstvolle Falten geworfen sind. Die textilen Beigaben zeigen eine fast verspielte Ausschmückungsfreude: Die Mitra von Simpertus enthält Edelsteine, die von Ulrich ist mit einer kleinen Madonnenstaue geschmückt. Die Pendilienbänder der Mitren reichen weit auf die Rücken herab. Auf die Handschuhe von Simpertus sind grüne Kreuze eingestickt.

Das Gewand Afras korrespondiert auf kunstvolle Weise mit den liturgischen Gewändern der sie umgebenden Bischöfe. Sie trägt eine goldene Krone, die in Farbe, Gestaltung und Positionierung den Krümmen der Bischofsstäbe ähnlich ist. Ein weißes Tuch, das unter der Krone hervorlugt, korrespondiert mit den Panniselli an den Bischofsstäben. Ihre fließenden blonden Haarsträhnen entsprechen den langen Pendilienbändern der Mitren. Der Hermelinsaum ihres Brokatunterkleides schaut dort unter dem Kleid hervor, wo bei den Klerikern die Alben hervorschauen. Für diesen Effekt hat sie ihr Kleid angehoben. Auch die Mehrlagigkeit ihres Gewandes – Unterkleid, Überkleid und farbiger Mantel – entspricht der Gewandung der Kleriker. Über die Gestaltung der Textilien wird eine gestalterische Angleichung zwischen Afra in der Bildmitte und den beiden Klerikern geschaffen. Zugleich zeigt die prächtige Ausgestaltung ihrer Gewänder ihre Abstammung an; der Legende nach war Afra nämlich aus königlichem Hause.[32]

S· Ulrich · · S· affera · · S· limbrecht ·

10 Odilia von Hohenburg, Maria Magdalena und jungfräuliche Märyterin

Thoman Burgkmair
Augsburg, um 1492
Inv. Nr. 2.9
Nadelholz
Höhe 125,7 cm, Breite 109,5 cm, Stärke 0,5 cm[33]

Die Tafel auf der Werktagsseite präsentiert drei schmale, hohe Frauengestalten. Die blind geborene Odilia trägt hier neben der charakteristischen Brille ungewöhnlicherweise einen Zirkel, der auf die Architektur und damit auf ihre Klosterbautätigkeit verweist. Maria Magdalena ist mit dem Salbölgefäß dargestellt, der Frau rechts fehlen neben dem Palmzweig als Zeichen für den Martyriumstod weitere Attribute. Die drei Frauen repräsentieren drei Grundformen menschlicher Heiligkeit: „einmal durch den unmittelbaren Kontakt mit dem Leben und der Nachfolge Jesu selbst, wofür beispielhaft das Leben der heiligen Magdalena steht, zum anderen durch die in Verfolgung bis zum Tod bewahrte Treue im Glauben der Märtyrer, wie sie die heilige Frau, durch einen Palmzweig als Märtyrerin gekennzeichnet, verkörpert und schließlich durch die heiligen Bekenner (*confessores*) oder Bekennerinnen, die mit ihrem Glaubensleben in ihre Zeit hineingewirkt haben."[34] In unserem Zusammenhang aber repräsentieren die drei Frauen zugleich drei Arten der Gewandung und damit auch drei Lebensentwürfe: Odilia trägt ein Nonnengewand und ist bis auf das Gesicht und die Hände völlig verhüllt. Farbe zeigt hier nur das grünliche Untergewand – eine Farbe, die die Gewänder aller drei Frauen verbindet –, ansonsten ist sie in gräulich-schwarze Töne gehüllt. Maria Magdalena präsentiert sich weniger verschlossen, insofern ihr langer Hals offen gezeigt ist und ihre blonden Haare bis über die Hüften fließen. Zugleich trägt sie aber auch einen Schleier – was angesichts der lange herabfallenden Haare eine ungewöhnliche Kombination ist und auf die doppelte legendarische Rückbindung der Figur in der Bibel hinweist: Sie ist die Sünderin, die Jesus die Füße salbt und mit ihrem Haar trocknet, und die Frau des Ostermorgens. Außerdem trägt Maria Magdalena mit einem roten Mantel und einer Hermelinpelzbordüre kostbare Kleidung. Die unbekannte Märtyrerin schließlich zeigt mehr Haut. Die dunklen Haare bedeckt kein Kopftuch, das Gewand ist weit ausgeschnitten, die Brüste sind angedeutet, die Taille betont, der Mantel wird nicht wie bei Maria Magdalena von einer festen goldenen Schließe gehalten, sondern von einem Lederband, das sich offenbar gerade öffnet. Insgesamt ist die weibliche Form ihres Oberkörpers durch die Kleidung betont, während sie bei Maria Magdalena nur angedeutet und bei Odilia nicht zu erkennen ist.

Die Gewänder haben damit auf dieser Werktagsseite eine spezifische Funktion: Sie markieren unterschiedliche Stände oder Lebensentwürfe, die hier gleichrangig nebeneinander präsentiert werden, mit einer gewissen Betonung der mittig dargestellten Maria Magdalena. Die unterschiedlichen Heiligkeitsentwürfe werden auch von den Gewändern her lesbar.

11 Mantelteilung des hl. Martin

Meister des Riedener Altars
Schwaben (Ulm?), um 1460/70
Inv. Nr. 2.1
Nadelholz
Höhe 118,2 cm, Breite 111,9 cm, Stärke 0,4 cm[35]

Ein roter Mantel bildet das Zentrum dieser Tafel. Alle drei dargestellten Personen haben diesen Mantel in der Hand: Christus reicht den Mantel mit beiden Händen nach unten, der Bettler nimmt das andere Ende auf. Der zu erwartende zerschnittene Mantel ist trotz des markanten Schwertes, das Martin nach vorne führt, nicht zu sehen. Vielmehr wirkt es, als ob der nach vorne gebeugte Christus Martin den Mantel um die Schulter legt und dieser wiederum den Mantel mit der Hand an den Bettler weiterreicht. Dieses Bild stellt nicht die Mantelteilung des römischen Soldaten dar, sondern wie sich Christus dem Bettler in Gestalt des Martin von Tours liebevoll zuwendet. Damit bildet das Bild zwei Szenen der Martinus-Legende gleichzeitig ab – einerseits die Mantelteilung, andererseits die Vision, die Martin danach hat: Im Traum sieht er Christus mit jenem Mantelstück bekleidet, das er dem Bettler gegeben hat. Der Schriftzug lautet: „Martinus adhuc katechominus hac veste me contexit" (Martin, zu diesem Zeitpunkt [noch] Katechumene, hat mich mit diesem Mantel bedeckt). Der Schriftzug also deutet die diagonale Linie des Mantels in der umgekehrten Richtung: Christus selbst wird in Gestalt des Bettlers durch Martin bekleidet. Man kann die Mantelteilung also in beide Richtungen lesen.

Der Mantel bringt zugleich eine weitere Bedeutungsebene in das Bild hinein, schließlich trägt auch der Auferstandene in der christlichen Bildtradition einen solchen roten Man-

tel.[36] Insofern handelt Martin hier als *alter Christus* und zeigt zugleich, wie Heilige im Mittelalter zu denken sind. Sie sind als Vermittlerfiguren konzipiert, die nicht um ihrer selbst, einer Wundertätigkeit oder eines Martyriums willen zu verehren sind, sondern weil sie bei Christus gedacht werden und den Menschen deshalb in ihren Nöten beistehen können.

Die Gewänder weisen Rollen zu. Der Apfelschimmel ist mit dem grünen Zaumzeug und dem gebundenen Schwanz als Tier eines Edelmannes ausgezeichnet. Martin und der Bettler sind in größtmöglicher Unterschiedlichkeit gewandet: Martin trägt unter dem Mantel eine goldene Tunika, elegante Beinkleider und glänzende Sporen sowie ein langes Schwert, das blitzend die Bildfläche durchtrennt und in Richtung des Stadttores weist, zu dem er der Legende nach unterwegs war. Der Bettler trägt ein kurzes Wams, das nicht einmal seine Beine bedeckt. Er hat eine aufgeblähte Zunge, rote Flecken im Gesicht und keine Füße mehr, die Beine sind mit Leintüchern auf Beinkrücken geschnallt. Er kann sich kaum fortbewegen, trägt eine Armkrücke und eine Leprosenmütze und ist damit als Aussätziger gekennzeichnet, eine Krankheit, die zur Entstehungszeit des Kunstwerkes verbreitet gewesen ist. Damit trägt der Maler die Not und Krankheiten seiner Zeit in dieses Bild hinein, ebenso wie den Gedanken, dass dieser maximalen Bedürftigkeit durch Christus geholfen wird.

12 Auferstehung Christi Christus als Gärtner

Bodensee/Nordschweiz, Anfang 16. Jh
Inv. Nr. 2.59, 2.60
Nadelholz
Höhe 67,7 cm, Breite 30,7 cm, Stärke 0,9 cm[37]

Der Körper, den der Auferstandene hier präsentiert, trägt die sichtbaren Spuren der Kreuzigung: die Wundmale an Händen und Füßen, den Einstich der Lanze in der Seite, das Leintuch um die Hüften. Dieser Körper wird nun aber bedeckt von einem voluminösen roten Tuch mit goldener Borte, das die sichtbaren Spuren der Kreuzigung nicht verdeckt, sondern enthüllt und betont. Die rote Farbe des Mantels deutet ebenso wie die Kreuzesfahne in der Hand auf den Sieg über den Tod hin, der in diesem Bild visualisiert ist. Die Farbe des Blutes ist damit ebenfalls angedeutet. Auch auf der zweiten Tafel ist der rote Mantel des Auferstandenen visuell ins Zentrum gerückt und enthüllt wiederum die Wunden der Passion. Der dunkelrote Mantel Maria Magdalenas, die zu Füßen des Auferstandenen kniet, führt in Form und Faltung Christi Mantel weiter. Auch auf der Höhe des Deckels des Salbölgefäßes führt die Borte des Mantels Magdalenas die Mantelborte des Auferstandenen weiter. Wäre die Farbe keine andere, könnte man den Eindruck gewinnen, dass Christi Mantel Maria Magdalena umhüllt. Sie trägt ein weißes Unterkleid mit Puffärmeln, die breit herabfallen. Ein moosgrünes, weit in den Rücken ausgeschnittenes Gewand ist von einem goldenen Gürtel geschmückt. Eine kostbare Haube mit roter Schmuckzierde vollendet ein Gewand, das einer spätmittelalterlichen Adelsgewandung ähnlich scheint. Der hauchdünne, transparente Schleier, den Maria Magdalena trägt, ist kaum zu sehen. Auch er schließt an die Borte des Mantels Jesu an und schafft eine visuelle Brücke zwischen den beiden Figuren.

Dargestellt ist das Bildsujet *noli me tangere*. Jesus zeigt sich Maria Magdalena, sie hält ihn für den Gärtner und erkennt ihn erst, als er sie mit ihrem Namen anspricht. Die Intimität der Erzählung wird unterbrochen von seiner Aufforderung, ihn nicht zu berühren (Joh 20,11–18). Diese biblische Erzählung wird über Textilien umgesetzt: Jesus nämlich zieht seinen roten Mantel geradezu von Maria Magdalena weg. Der Mantel setzt auch die Ambivalenz der Szene um, insofern er beide visuell miteinander verbindet und doch mit der Geste des Wegraffens trennt. Aber wäre es überhaupt eine Berührung Jesu, wenn Marias Hand seinen Mantel touchieren würde? Auch diese Frage wirft der rote Mantel auf. Der Stoff hat auf diesen beiden Tafeln also eine mehrfache Funktion: Er stellt die Wunden der Passion zur Schau, zeigt den Triumph über den Tod an und verbindet Maria Magdalena und Jesus ebenso miteinander wie er sie voneinander trennt.

13 Schmerzensmann

Michel Erhart
Ulm, um 1470/80
Inv. Nr. 1.258
Weide
Höhe 144,0 cm, Breite 52,0 cm, Tiefe 44,0 cm[38]

In der Darstellung Jesu spielt Nacktheit oft eine Rolle: Das in der Krippe oder auf einer Mantelfalte abgelegte Jesuskind oder der auf dem Schoß seiner Mutter thronende Gottesknabe trägt, wenn überhaupt, oft nur die Leinenwindel, von dem das Lukasevangelium berichtet (Lk 2,7). Am Kreuz ist die Leinenbinde um die Lenden wieder die Gewandung, die die Vulnerabilität des Gefolterten vor Augen führt. In der Kunst wird auch dieses Stück Stoff oft in Knoten verschlungen und in Falten geworfen.[39] Es findet sich aber in der spätmittelalterlichen Tradition ein weiterer Bildtypus, der letztlich mehrere biblische Momente übereinander blendet: Die Ikonographie des Schmerzensmannes spielt einerseits auf die *Ecce Homo*-Szene an, in der der gegeißelte Jesus der aufgepeitschten Menge vorgeführt wird (Joh 19, Mk 15, Lk 23, Mt 27), andererseits nimmt sie die biblisch überlieferten Begegnungsgeschichten des Auferstandenen auf, besonders die Begegnung mit Thomas, bei der die Wunden Jesu eine besondere Rolle spielen. Thomas will erst an die Auferstehung Jesu glauben, wenn er seine Hände in die Wunden gelegt hat – und genau dazu fordert Jesus ihn dann in der nächsten Begegnung auf (Joh 20,24–29). Die Ikonographie des Schmerzensmannes überblendet beide biblischen Szenen zu einer Darstellung Jesu, der seine Wunden präsentiert und Lendenschutz, Mantel und Dornenkrone trägt.

Inspiriert von den biblischen Motiven, spielt zunächst die verwundete Körperlichkeit in dieser Ulmer Darstellung eine zentrale Rolle. Der Auferstandene legt seine rechte Hand, in der ein Nagel der Kreuzigung steckte, demonstrativ an die Seitenwunde, die ihm geschlagen wurde, um zu prüfen, ob er schon tot war. Trotz der Wunden präsentiert er sich in aufrechter Haltung. Der geradezu würdevolle Gesamteindruck rührt einerseits aus dem expressiven und gleichzeitig schwer zu deutenden Gesichtsausdruck und der geraden Haltung, andererseits aus dem Mantel, den er trägt. Fast der gesamte Leib ist von diesem Mantel im Hintergrund umfasst. Die Ummantelung erfüllt eine doppelte Funktion: Sie legt die fragile Körperlichkeit und insbesondere die entscheidenden Wunden frei, nimmt dem so zerbrechlich Dargestellten aber mit der textilen Fülle gleichzeitig seine Nacktheit. In der bildlichen Darstellung ist es oft ein roter Mantel, den der Auferstandene trägt.[40] Ein solches Moment der Königswürde ergibt sich auch hier, obwohl die Farbe verloren gegangen ist. Die Stofffülle, aus der Jesus heraustritt, führt zu einem erhabenen Gesamteindruck. Kein Nackter, kein Gefolterter präsentiert sich hier, sondern einer, der im größtmöglichen menschlichen Leid über den Tod gesiegt hat – ein König, der auch eine Krone trägt.

14 Katharina von Alexandrien

Jörg Stein (Werkstatt)
Ulm, um 1470
Inv. Nr. 1.284
Weide
Höhe 123,0 cm, Breite 42,0 cm, Tiefe 24,0 cm[41]

Um an ihre Enthauptung sowie ihre Gelehrsamkeit zu erinnern, trägt die hl. Katharina neben einem Buch und der Krone ein Schwert bei sich. Von dem zerbrochenen Rad, das sie typischerweise ebenfalls bei sich hat, ist hier neben ihrem Schuh nur ein kleiner Rest sowie die Radnabe geblieben. Katharina trägt ein mit Pressbrokatflächen geschmücktes, grünes Kleid, das von einem goldenen Mantel bedeckt ist. Das Innere des Mantels ist azurblau gefärbt und mit Sternen verziert. Eine goldene Borte schmückt ihr Kleid am Dekolleté und am Saum. Ein spitzer Schuh sowie die Radnabe lugen aus dem Gewand hervor, die Gewandfalten umspielen locker den Sockel. Durch die Abhebung des gesamten Gewandes vom Sockel gewinnen die Skulptur und ihr Gewand an Plastizität.

Katharina ist die einzige Skulptur im Diözesanmuseum, die noch ihre originale Fassung trägt. Diese lässt erahnen, welche Lebendigkeit in Mimik und Ausdruck mittelalterliche Skulpturen durch die Farbgebung gewannen. Katharinas Blick ist gesenkt, ihre Augen sind verklärt, ohne traurig zu wirken, ihre Lippen zu einem winzigen Lächeln verzogen, ihre Wangen leicht gerötet. Der Ausdruck dieses Gesichts in seiner freundlichen Distanz ist letztlich schwer zu deuten. Ihre braune Haarpracht, die ursprünglich mattvergoldet war, krönt ebenso wie die Krone ihr Haupt.

Die Skulptur zeigt, wie die Fassung aufgetragen wurde. Das Bildwerk ist weiß grundiert, an den vergoldeten Stellen mit Leinwand unterklebt. Mantel, Saum und Krone sind auf rötlichem Bolus glanzvergoldet, der im Bereich der Mantelfalten aufschimmert, während die Faltentiefen mit Zwischgold bearbei-

tet wurden. Auf diese Weise erhielt das Gold einen warmen Schimmer und in der Faltenbildung eine gewisse Lebendigkeit. Die winzigen Sterne auf der Innenseite des Mantels sind aus Papier geschnitten, vergoldet und auf das blau gefasste Holz aufgeklebt. Solche Techniken zur Herstellung schmückender Details wurden vielfach angewendet – sie sind aber mit der Fassung allermeist verloren gegangen. Jedenfalls zeigt sich an dieser Skulptur, dass der Gesamteindruck der Figuren mit Mimik und Gestaltungsdetails auf dem Gewand oft verspielter war, als es die holzsichtigen Skulpturen heute erahnen lassen.

Katharina hat ihre Hand locker auf ein großes Schwert gelegt, das ihr bis fast an die Hüfte reicht. Allerdings ist das Schwert in der Gesamtwirkung völlig zurückgenommen, weil die rote Farbe der Klinge und der blauschwarze Knauf im Vergleich zu dem umgebenden goldenen Mantel dezent wirken. Wenn das Schwert überhaupt als real gedacht ist und nicht nur als schmückendes Attribut, könnte man an ein Exemplar aus rötlichem Holz denken. Auf diese Weise schafft die Farbgebung einen anderen Akzent, als die geschnitzte Figur vermuten lassen würde, nämlich auf dem goldenen Mantel und nicht auf dem Schwert. Gleichzeitig unterstützt die Analyse der Originalfassung die These, dass die Attribute der Erkennbarkeit der Heiligen dienen, in der Gestaltung aber oft zurückgenommen werden, wo sie nicht zur Gesamtaussage passen.[42] Zum sanft verklärten Gesicht dieser Frau jedenfalls würde ein blitzendes Enthauptungsinstrument kaum passen.

Anmerkungen

1 Vgl. Diözesanmuseum Rottenburg, Nr. 27, S. 146.

2 Vgl. ebd., Nr. 27, S. 149.

3 Ebd., Nr. 27, S. 149.

4 Vgl. ebd., Nr. 27, S. 146f.

5 Vgl. Kat. Nr. 1.

6 Vgl. Diözesanmuseum Rottenburg, Nr. 27, S. 147–150.

7 Vgl. ebd., Nr. 9, S. 73–78.

8 Zum Farbsystem der Tafeln vgl. ebd., Nr. 9, S. 76.

9 Ebd., Nr. 9, S. 76.

10 In diesen Attributen zeigen sich auch die künstlerischen Neuerungen der Zeit, war doch gerade die Wiedergabe optischer Phänomene und die Nachahmung der Natur eine relativ neue Technik. Im Gefolge der Gebrüder van Eyck legten Künstler Wert auf „optische Erscheinungen wie Glanz, Spiegelungen und Transparenz" (Kemperdick 2021, S. 45).

11 Zumal der Goldgrund ursprünglich der kaiserlichen Repräsentation diente, vor allem in Byzanz, und erst von dort her in die Sakralkunst eingezogen ist. Vgl. Beer 1983, S. 276.

12 Jan van Eyck (um 1390–1441) und Hubert van Eyck (um 1370–1426). Vgl. zu ihren Innovationen Kemperdick 2021, S. 44.

13 Ebd., S. 45.

14 Vgl. Diözesanmuseum Rottenburg, Nr. 5, S. 48–52.

15 Im Diözesanmuseum gibt es zwei weitere Anbetungsdarstellungen, vgl. Inv. Nr. 2.20/2.21 (ebd., Nr. 12, S. 86–91) und Inv. Nr. 2.36 (ebd., Nr. 15, S. 99–105).

16 Vgl. ebd., Nr. 5, S. 50f.

17 Ebd., Nr. 5, S. 50. Juliane von Fircks weist darauf hin, dass die spätmittelalterliche Hofkleidung zwischen zwei Polen oszilliert: dem Krieger und dem Minnesänger. Dementsprechend ergänzen sich ausgepolsterte Formen, die einen kampfgestählten Oberkörper imitieren, sowie schlanke Beinkleider für den Ritt und feine Ornamente bzw. edle Stoffe. Vgl. Fircks 2008, S. 44.

18 Diözesanmuseum Rottenburg, Nr. 5, S. 48.

19 Vgl. ebd., Nr. 19, S. 116–118.

20 Vgl. ebd., Nr. 19, S. 116.

21 Melanie Prange vermutet aufgrund dieser gelungenen Ausleuchtung einen oberrheinischen Einfluss. Bei Konrad Witz in Basel und in seinem Umfeld finden sich ähnliche Beleuchtungskonzepte. Vgl. ebd., Nr. 19, S. 118.

22 Vgl. ebd., Nr. 20, S. 119–121.

23 Vgl. Kat. Nr. 5.

24 Vgl. Diözesanmuseum Rottenburg, Nr. 25, S. 137–142.

25 Als Vorlage für die Körperbewegung dienten wohl oberrheinische Stiche. Vgl. ebd., Nr. 25, S. 139.

26 Vgl. Kat. Nr. 12.

27 Vgl. Assion 2004, S. 318.

28 Vgl. Diözesanmuseum Rottenburg, Nr. 25, S. 135–137 und 139–142.

29 Vgl. ebd., Nr. 21, S. 122–126.

30 Vgl. Braun 1941; Just 1963.

31 Für den höfischen Kontext vgl. beispielhaft Brassat 1992; Fircks 2008; Cantzler 1990.

32 Vgl. Diözesanmuseum Rottenburg, Nr. 21, S. 125.

33 Vgl. ebd., Nr. 21, S. 122–126.

34 Ebd., Nr. 21, S. 125.

35 Vgl. ebd., Nr. 4, S. 45–47.

36   Für ein Beispiel aus der Rottenburger Sammlung vgl. Kat. Nr. 12.

37   Vgl. Diözesanmuseum Rottenburg, Nr. 33, S. 165–168.

38   Vgl. ebd., Nr. 85, S. 351–353.

39   Im Diözesanmuseum etwa ein süddeutsches Kruzifixus aus der Zeit um 1530, Inv. Nr. 1.268. Vgl. ebd., Nr. 119, S. 455–457.

40   Vgl. Kat. Nr. 12.

41   Vgl. Diözesanmuseum Rottenburg, Nr. 83, S. 345–347.

42   Vgl. beispielsweise Kat. Nr. 3, 5 und 9.

Literatur

Assion, Peter: Art. Sebastian, in: Lexikon der christlichen Ikonographie 8, 2004, S. 318–324.

Beer, Ellen J.: Marginalien zum Thema Goldgrund, in: Zeitschrift für Kunstgeschichte 46, 1983, S. 271–286.

Brassat, Wolfgang: Tapisserien und Politik. Funktionen, Kontexte und Rezeption eines repräsentativen Mediums, Berlin 1992.

Braun, Joseph: Art. Bischofsstab (und Abtsstab), in: Reallexikon zur Deutschen Kunstgeschichte 2, 1941, S. 805–808.

Cantzler, Christina: Bildteppiche der Spätgotik am Mittelrhein. 1400–1500, Tübingen 1990.

Das Diözesanmuseum Rottenburg. Gemälde und Skulpturen 1250–1550, hg. von Wolfgang Urban und Melanie Prange für die Diözese Rottenburg-Stuttgart, Ostfildern 2012.

Fircks, Juliane von: Liturgische Gewänder des Mittelalters aus St. Nikolai in Stralsund, Riggisberg 2008.

Just, Christian: Art. Pannisellus, in: LThK 8, ²1963, Sp. 22.

Kemperdick, Stephan: Zeit der Innovationen. Malerei in der Generation von Konrad Witz und Stefan Lochner, in: Spätgotik. Aufbruch in die Neuzeit (Ausst. Kat. Gemäldegalerie Berlin – Staatliche Museen zu Berlin, 1. Mai bis 5. September 2021), hg. von Michael Eissenhauer für die Staatlichen Museen zu Berlin, Berlin 2021, S. 43–49.

6. Shaping Faith – Fashioning Splendour

Modeentwürfe
im Gespräch mit sakraler Kunst

Pre-Holy

Sebastian Adam

Wir Menschen streben nach etwas Höherem. Wir suchen einen Sinn des Lebens, obwohl wir nicht einmal wissen, ob wir überhaupt für etwas bestimmt sind. Mit den Heiligen Margaretha und Barbara als Vorbild, da sie ihre Reise schon hinter sich haben, begibt sich der Mensch auf die Suche nach seiner Bestimmung, die Suche nach der eigenen Heiligkeit. Dieser Weg ist nicht so leicht, wie man es sich vielleicht vorstellt. Mitten im Selbstfindungsprozess plagen einen Wirre und Zerrissenheit. Gehen wir auf dieser eigenen Reise kaputt, oder schaffen wir es, aus unserem „Turm", aus unserem persönlichen Gefängnis auszubrechen?

Ausgangswerk

**Margaretha von Antiochien und Barbara von Nikomedien
mit Stifterin**

Schwaben (Rottenburg?), um 1470
Inv. Nr. 2.27

Selbdritt

Lennart Bohle

Wahrhaftigkeit – Das Streben nach Wahrheit. Doch was genau liegt eigentlich hinter dem vermeintlich Sichtbaren? In Bezug auf das Referenzbild „Heilige Anna Selbdritt" sind es, durch die Zeit beeinflusst, sichtbar gewordene Schichten. Goldenes Granatapfelmuster wich der Offenlegung des Holzgrundes und einem leinwandbindigem Textil. Zurück bleibt das Abbild einer Frau. Anna – Mutter Marias und Großmutter von Jesus, fundamental thront sie in der Bildmitte und trägt ihre Nachkommen auf dem Arm. Spannend ist die Vergänglichkeit in Bezug auf die farbliche Bedeutung der Goldprägung. Mir stellt sich die Frage: Findet man die Wahrhaftigkeit, statt in der Göttlichkeit, im Menschen selbst oder ist der Mensch selbst sogar göttlich? Meine Kollektion ist also ein Versuch die Wahrhaftigkeit, in Bezug auf die vergängliche Göttlichkeit und den Menschen selbst, in ihrer Vielschichtigkeit und Imperfektion zu beschreiben.

Ausgangswerk

Anna Selbdritt
Jörg Stocker

Ulm, um 1480
Inv. Nr. 2.41

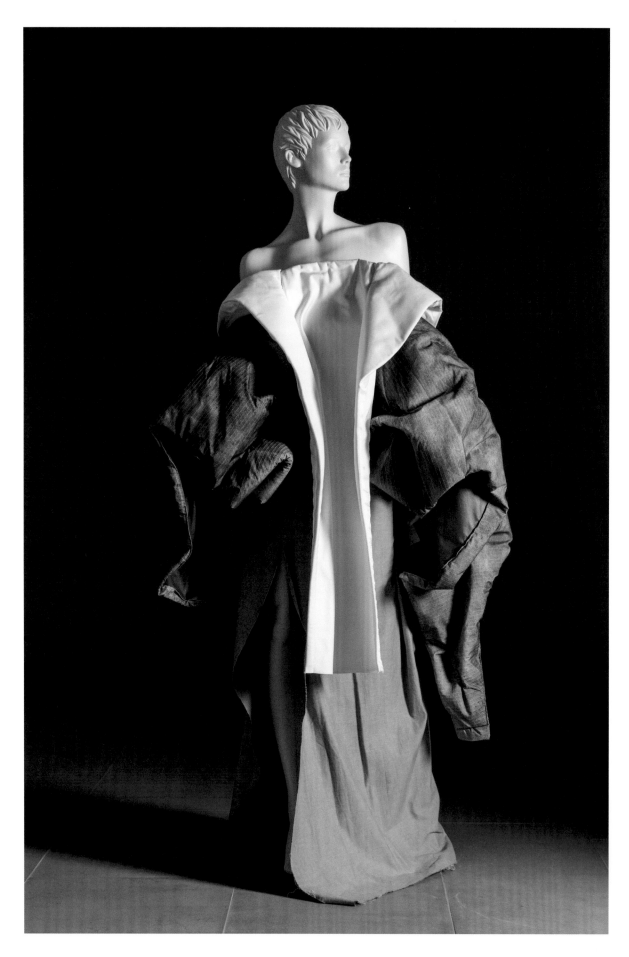

Seemingly

Annalena Domke

Die vermeintliche Synchronität lässt sich auf vieles übertragen. Sei es unser Bild, das wir anderen zeigen, es aber in uns ganz anders aussieht, oder Dinge, die als gut und gesund angesehen werden, aber eigentlich viele Schattenseiten haben. Die Grenze dazwischen ist meist nicht klar definiert. Genau darum geht es in meinem Konzept, um das vermeintlich Synchrone und Begrenzte. Wo ist die Grenze, wann ist es nur vermeintlich synchron, ohne komplett verschieden zu sein? Wie viel braucht es, um verschieden und doch gleich zu sein? Ein Ansatzpunkt ist der Schatten, er steht immer im Bezug zu dem Objekt, jedoch ist er nur vermeintlich synchron und seine Begrenzung ist oft nicht klar, sondern auslaufend. Ein anderer Ansatz ist die Doppelung und Verschiebung, zwei Elemente, die fast gleich sind, jedoch verschieden und somit nur vermeintlich synchron. In der Kollektion soll trotz des vermeintlich Synchronen Stärke gezeigt werden. Es geht vor allem um den Moment des Vermeintlichen.

Georg und Erzengel Michael
Oberrhein (?), um 1480/90
Inv. Nr. 2.37

Exclusion

Amra El Gendi

Der Mensch ist ein soziales Wesen, er braucht Zugehörigkeit, Liebe und Anerkennung. In der Steinzeit war es von Vorteil, Bindungen mit anderen Menschen einzugehen, um bessere Überlebenschancen zu haben. So bildete sich im Laufe unserer Stammesgeschichte ein starkes soziales Motiv heraus, das heutzutage immer noch sehr aktuell und präsent ist, egal wohin wir blicken. Zwei Kunstwerke, ein Diptychon (ca. 1460), veranschaulichen uns Joachim, den Vater der Gottesmutter, der am Tempel zurückgewiesen wurde, weil seine Ehe mit Anna kinderlos geblieben war und dies als göttliche Missgunst gedeutet wurde. Ein Engel verkündet Joachim, der sich nach seiner Abweisung aus dem Tempel in die Einsamkeit zurückgezogen hat, und seiner Frau Anna, dass sie noch mit einem Kind gesegnet werden. Die Kollektion „Exclusion" beschäftigt sich mit der psychologischen Einsicht eines ausgegrenzten Menschen. Wie fühlt ein Mensch, wenn man ausgegrenzt wird? Was sind die Gedanken eines ausgrenzten Menschen? Wieso spielt Perfektionismus in der heutigen Gesellschaft immer noch so eine große Rolle? Muss man der Gesellschaft gehorchen, um anerkannt zu werden? Und wie wichtig es ist, von liebenden Menschen aufgefangen zu werden und unterstützt zu werden, die Hoffnung niemals aufzugeben. Ziel dieser Kollektion ist eine Kombination psychologischer Ansicht zum Thema Ausgrenzung/ Zerrissenheit und Harmonie/ Hoffnung.

Ausgangswerk

Abweisung Joachims im Tempel

Niederlande, um 1460
Inv. Nr. 2.4

Moodboard

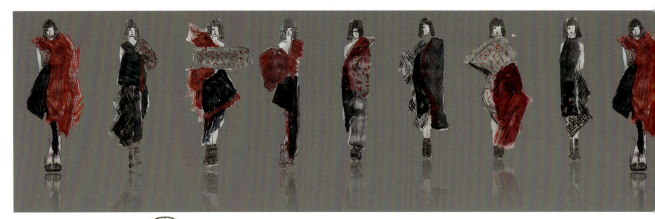

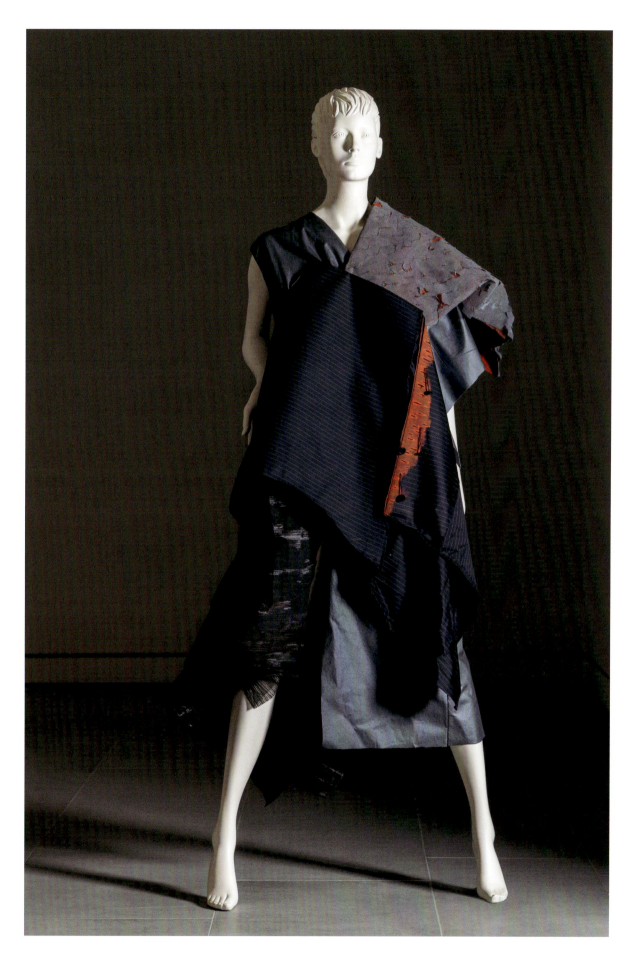

Benediximus

Julia Judenhahn

Rein, mystisch, beschützend und heilig steht der Mönch auf einem Sockel. Das Spitzbogengewölbe über ihm ähnelt in der Form seinem Kardinalsbirett. Er scheint zu drohen, doch ist er bescheiden bekleidet. Die Bettelordensbewegung im Mittelalter inspirierte mich dazu, über Reinheit und Purismus nachzudenken. Als moderne Definition fand ich für mich Indizien wie den Salbei als Heilkraut und die Baumwollknospe. Die Symbolkraft der Gegenstände im Kunstwerk zeigt sich durch den Heiligenschein und den Dornenkranz. Ich beschäftigte mich mit dem Kreuz als Symbol des christlichen Glaubens.

Ausgangswerk

Bonaventura von Bagnoreggio

Wilhalm Ziegler und Thomas Schmid
Schwaben, um 1522
Inv. Nr. 2.93

Moodboard

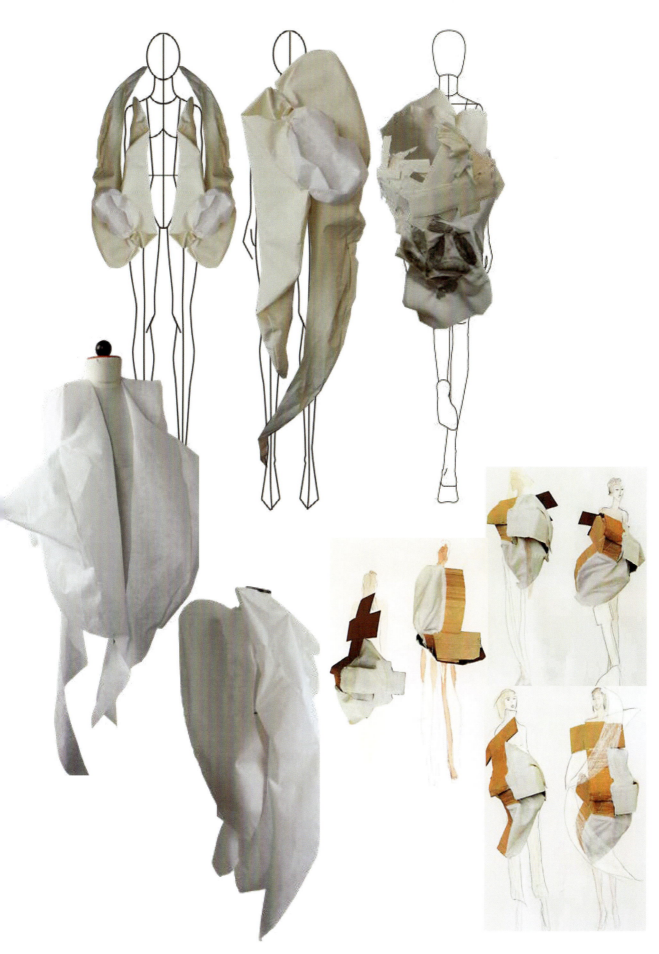

We:Mirjam

Lea Mistrafovic

Drei Ebenbilder, drei Gefühlswelten, drei Frauen. Die am häufigsten dargestellten Momente Maria Magdalenas zeigen drei Kernaussagen über eine der wichtigsten und umstrittensten Frauen in der biblischen Geschichte. Maria als Büßerin, Maria bei der Kreuzigung Jesu und Maria bei seiner Auferstehung. Erzählungen, die im Johannesevangelium eine wichtige Bedeutung haben, die jedoch in ihrem Ursprung in Bezug auf Maria mit der Zeit verändert und verdreht wurden. Fälschungen sind addiert worden. In der Darstellungsart der Geschichten sind auch diese gefälschten Sichtweisen der Maria abgebildet. Was passiert jedoch, wenn man die hinzugefügten Aspekte der heiligen Frau abträgt und den Urkern rekonstruiert und in die heutige Zeit interpretiert? Wie definieren sich diese Abbildungen Marias im 21. Jahrhundert? Maria Magdalena – eine Frau, die psychisch leidet, eine Frau, die Menschen in Not hilft, und eine Frau, die aktiv mit ihrer Stimme die Welt verändert. Sie alle haben eins gemeinsam: Sie fallen hin, reißen sich die Knie auf, erheben sich wieder, schütteln sich ab und laufen mit erhobenem Haupt weiter. Denn sie alle sind mit Schicksalsschlägen, mit Rückschritten, mit Verlust und Schmerz getroffen, doch sie wissen, dass die Sonne wieder auf sie scheinen und der Weg sich klar vor ihnen ausbreiten wird.

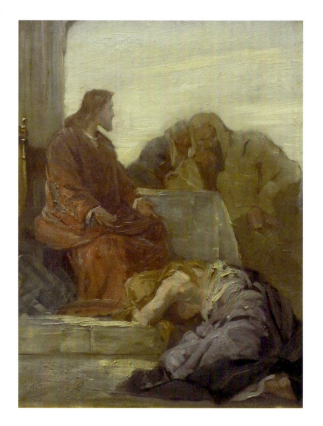

Ausgangswerke

Christus mit Maria Magdalena – Gastmahl im Haus des Simon
Friedrich von Keller, 1900/1914
Inv. Nr. 3.87

Maria Magdalena als Büßerin
Süddeutschland, um 1760
Inv. Nr. 3.170a

Kreuzigung
um 1750/70
Inv. Nr. 3.209a

rise

3.

breast defined

bra cup

Aus dem Designprozess

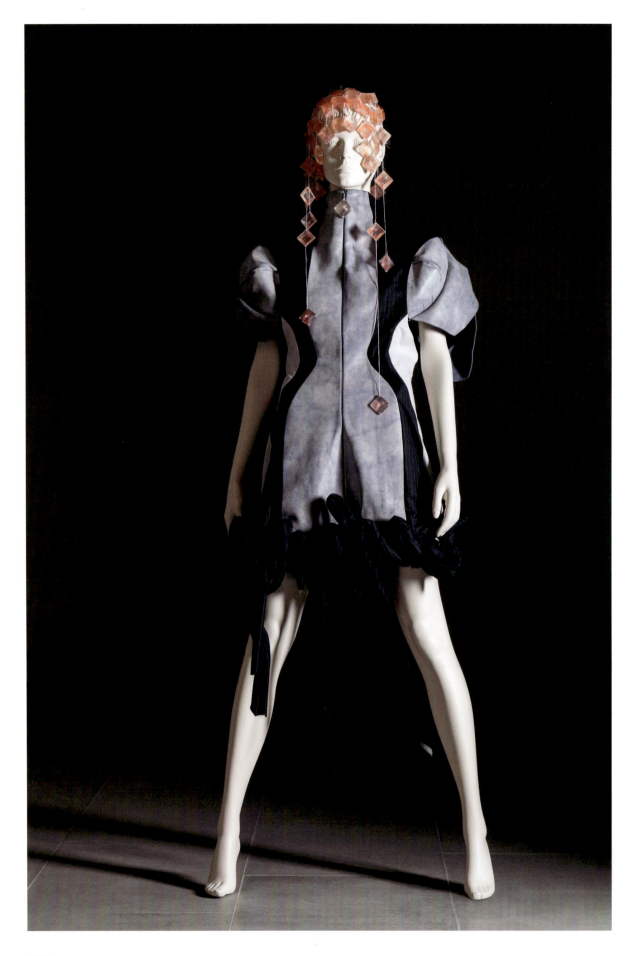

Your energy is sacred

Melis Ögünc

Ein ganz großes, opulentes Fest. Die Krönung Mariens dient als Inspiration für die Kollektion, in der die Frau im 21. Jahrhundert nichts anderes feiert als das Frausein. Das Feiern und Tanzen, der Rhythmus von laut und leise verdeutlichen eine visuelle Ästhetik. Sie ist lebensfroh, ermächtigt und offen. Ihre Energie ist ihr heilig.

Die Kollektion zeichnet sich durch ihr Engagement für Innovation, das Spielen mit den Farben, die Experimente und die Herstellung eindrucksvoller Silhouetten aus. Unverwechselbare und komplexe Textilien, Formen, die dekonstruiert sind, und Schichten, die miteinander harmonieren, sind wesentlich für das Design der Kollektion.

Ausgangswerk

Maria Krönung mit musizierenden Engeln

Anfang 17. Jh.
Dauerleihgabe

VISUALIZE YOUR HIGHEST SELF THEN SHOW UP AS HER

Sacred Me

Oliver Schraft

Die Kollektion erforscht den Aspekt des Glaubens und des Verehrens in einer Zeit, die geprägt ist von einer durch social media ausgelösten Selbstzurschaustellung und einer zunehmend agnostischer werdenden jungen Generation.

Inspiration bot das Werk „Maria Verkündigung", dass in seiner Durchkomponiertheit in Bezug auf Maria und die sie umgebenden Gegenstände und Formen eine gewisse Ähnlichkeit zur inszenierten Schaukastenwelt aufweist, die sich beispielsweise auf Instagram finden lässt.

Dementsprechend opulent inszenieren sich die Formen der einzelnen Teile. Verarbeitungsdetails weisen eine unperfekte Brüchigkeit auf und stehen dabei im Kontrast zur „Heiligkeit" der Formen.

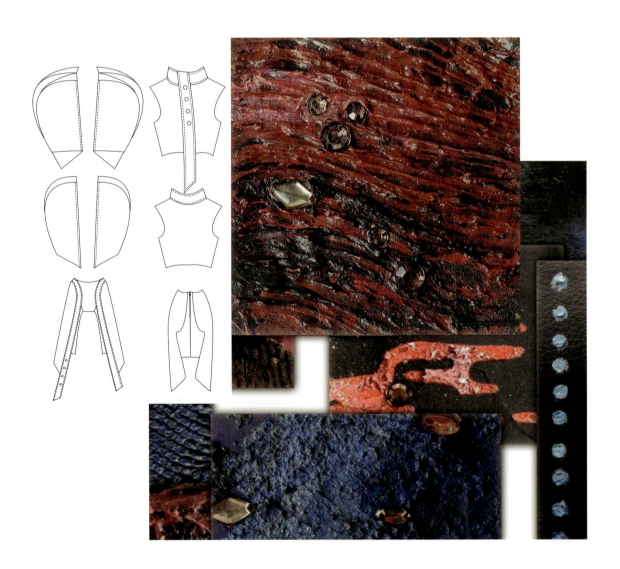

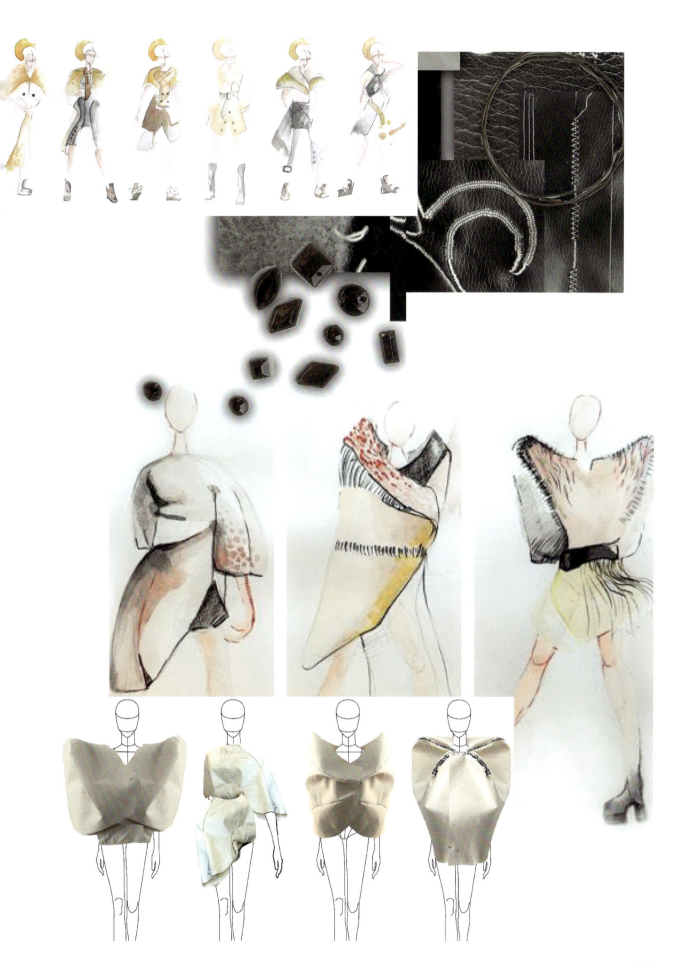

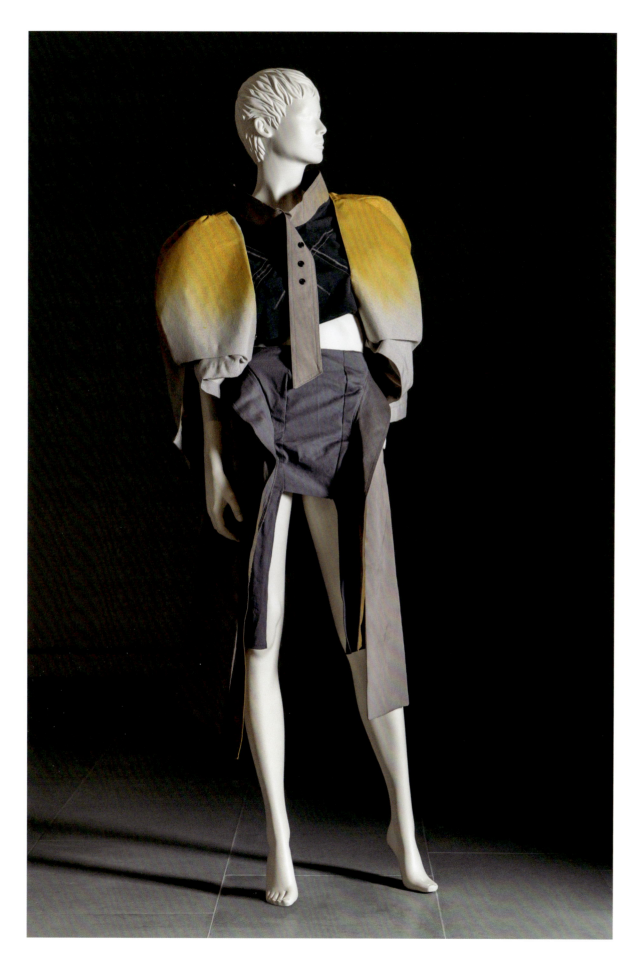

7. Visionäre Entwürfe in CLO3D

Liturgische Gewänder
im Jahr 2121

Das liturgische Gewand der Zukunft

Visionäre Entwürfe in CLO3D

Seit 2019 sind Kurse zur Modedesign-Software CLO3D im Curriculum des Fachbereichs Mode an der Hochschule Pforzheim fest verankert. Diese Software wird zur Veranschaulichung lebensechter 3D-Kleidungsstücke eingesetzt. Das Programm wurde ursprünglich für Animationen in der Filmindustrie entwickelt und ermöglicht, textile Formen und deren Verhalten im dreidimensionalen Raum zu simulieren.
Der Kurs von Prof. Claudia Throm und Bernhard Gruber-Ballehr war als eigenständiges Projekt angelegt, in dem die Studierenden nicht nur die Software kennenlernten, sondern auch drei Entwürfe zum Thema „Liturgisches Gewand im Jahr 2121" anfertigten. Es wurden dabei jeweils drei Outfits für unterschiedliche Anlässe entwickelt. Diese sind im Folgenden zusammen mit dem Moodboard abgebildet. Ausgangspunkt für die Studierenden war die Frage, wie sich Religion/en in den kommenden 100 Jahren entwickeln könnten.

Eine Rückkehr zu ernsthafter und tiefer Frömmigkeit, zu nachhaltigem und demütigem Leben in gegenseitiger Wertschätzung hält Sebastian Adam für einen möglichen Weg, den Religionen in der Zukunft gehen könnten. Ausgehend von einem asketisch-monastischen Leben nach klaren Strukturen entwarf er eine Kollektion, die von strengen, klaren Schnittformen und einer zurückgenommenen Farbigkeit geprägt ist.

Für Lennart Bohle und seine Entwürfe zum Thema „Spirit-u-al" war ein Menschenbild entscheidend, das mit sich selbst und der Natur in Einklang steht. Bohle konzentriert sich auf drei Hauptzentren des menschlichen Körpers – Kopf, Brust, Becken –, die er durch verschiedene Schnitte zu einer – wie er es nennt – „Blume des Lebens" ausformt. Hieraus entwickelt er unterschiedliche Volumina, die den Körper an verschiedenen Bereichen – mal transparent, mal opak – umspielen. Ebenso leitet er davon ein blumenartiges Symbol für diese neue Form von Spiritualität ab.

In Hinblick auf das drohende Aussterben der Bienen und ihre Bedeutung für unsere Nahrung zeichnet Annalena Domke in ihrem Projekt „Beelife" die Vision einer Religion, die Bienen verehrt. Ihr Moodboard zeigt, dass sie sich hierfür von der weichen Form und der warmen Farbe des Honigs inspirieren ließ. Für ihre Outfits übernahm sie die Körperform der Bienen, transparente Stoffe erinnern an Flügel. Das Gewand für festliche Anlässe ist in Anklang an die Bienenkönigin mit einer Krone ausgezeichnet.

In Bezug auf die Möglichkeiten der künstlichen Intelligenz entwickelte Amra El Gendi ihre Kollektion „Cyborg God". Sie beschreibt eine Zukunft, in der die Menschen durch technische Optimierung selbst göttliche Fähigkeiten bekommen. Diese Vorstellung setzt Amra El Gendi in sehr voluminösen Formen in Blau, Schwarz und an Lichtstrahlen erinnerndes Weiß um. Der Mensch wird somit sprichwörtlich zum Zentrum seines eigenen Universums, in dem er schöpferische Kraft besitzt.

Julia Judenhahn stellt in ihrer Kollektion „Authentic Religion" die vom Mensch bedrohte Natur ins Zentrum. Für eine Welt, in der natürliche Ressourcen und Lebensräume immer knapper werden, entwirft sie eine Spiritualität, die alles Natürliche verehrt. Durch die enge Verbindung zur Natur könne der Mensch seine eigene Natürlichkeit wiederfinden. Die geometrische Figur des Kreises als Symbol für die Unendlichkeit und den Kreislauf des Lebens dient Julia Judenhahn als Grundlage für ihre Entwürfe. Sie findet sich sowohl in den Rundungen des Schnitts als auch in Cutouts. Als Materialien für die Gewänder sind die Naturmaterialien Wolle und Leinen angedacht.

In Anlehnung an ihre Entwürfe im Kurs von Prof. Sibylle Klose entwickelte Lea Mistrafovic Animationen unter dem Titel „Proelium". Ihre visionäre Religion ist der starken Frau gewidmet, weswegen auf dem Moodboard kämpferische Frauendarstellungen zu sehen sind. Die Outfits übernehmen den Grundgedanken einer Rüstung, wobei diese überzeichnet runde Formen erhalten. Mistrafovic spielt mit der Idee von Verhüllung und Inszenierung von Weiblichkeit, da die glänzende Materialität an hartes Metall erinnert, das durch matten oder transparenten Stoff gebrochen ist.

Oliver Schraft stellt sich in seinem Projekt „Mother Earth" die Frage nach einer Veränderung der Sicht auf unseren Heimatplaneten, wenn der Mensch sich auf anderen Planeten ansiedelt und Kontakt zu neuen Spezies hat. Schraft entwickelt die Idee einer Religion, in der die Erde als Mutterplanet im Zentrum der Verehrung steht. Er lässt sich dabei sowohl von traditioneller liturgischer Gewandung als auch von Science-Fiction-Elementen inspirieren. Der Farbkanon setzt sich aus Erdtönen und hellem Blau, das an den Himmel erinnert, zusammen. Ein wichtiges Element der Kollektion ist die helmartige Kapuze. Hinter ihr tritt das Individuum zurück und wird – wie bei der traditionellen Priestergewandung – voll und ganz zur Amtsperson. Auf allen drei Outfits findet sich ein neu entworfenes religiöses Symbol, das als Wiedererkennungsmerkmal des Kultes dient.

Rebecca-Madlene Wiedmann ließ sich von den Symbolen und klassischen Gewändern der monotheistischen Religionen inspirieren. Auf den Entwürfen ihrer Kollektion „All united – alle unter einem Dach" finden sich das Kreuz, der Halbmond und der Davidstern. Die Gewänder lehnen sich an Formen wie die Albe, die Tunika oder das Kopftuch an. Wiedmann geht von der Annahme aus, dass alle Religionen in einem gemeinsamen Ausgangspunkt gründen, zu dem sie in der Zukunft zurückkehren könnten. Auf diese Weise wird ein friedliches Zusammenleben möglich, das sich auch vestimentär materialisiert.

Melanie Prange

Neue Frömmigkeit

Sebastian Adam

Spirit-u-al

Lennart Bohle

Beelife

Annalena Domke

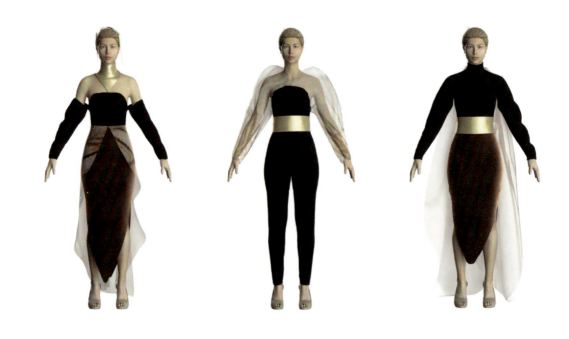

Cyborg God

Amra El Gendi

Authentic Religion

Julia Judenhahn

Proelium

Lea Mistrafovic

eine religiöse Bewegung, die Frauen als ursprüngliche Apostel, Krieger, Priester, Heilige sieht

der weibliche Körper/ weibliche Rundungen als ein
Zeichen der Stärke

Uniformen, die in der Rundung ihre Stärke zeigen

All united - Alle unter einem Dach

Rebecca-Madlene Wiedmann

Mother Earth

Oliver Schraft

Anhang

Verzeichnis der Mitwirkenden

Autorinnen

Daniela Blum, Dr., Wissenschaftliche Mitarbeiterin im Diözesanmuseum Rottenburg

Evelyn Echle, Prof., Akademische Leiterin des Fachbereichs Kunst- und Kulturwissenschaften und Professorin für Kultur- und Medientheorie an der Fakultät für Gestaltung, Hochschule Pforzheim

Sibylle Klose, Prof., Akademische Leiterin des Studiengangs Mode und Professorin für Grundlagen und Kollektionsgestaltung an der Fakultät für Gestaltung, Hochschule Pforzheim

Melanie Prange, Dr., Diözesankonservatorin der Diözese Rottenburg-Stuttgart und Leiterin des Diözesanmuseums Rottenburg

Studierende der Hochschule Pforzheim

Sebastian Adam

Lennart Bohle

Annalena Domke

Amra El Gendi

Julia Judenhahn

Lea Mistrafovic

Melis Ögünc

Oliver Schraft

Rebecca-Madlene Wiedmann

Dozierende und Mitarbeitende an der Hochschule Pforzheim

Bernhard Gruber-Ballehr, Dipl. Ing.

Sibylle Klose, Prof.

Birgit Meyer, M. A.

Olga Pfeifle, Dipl.-Des.

Claudia Throm, Prof.

Mitwirkende an der Gestaltung der Ausstellung und des Katalogs

Markus Braun, Demirag Architekten, Stuttgart

Hanna Kropp, Demirag Architekten, Stuttgart

Kai Loges, die arge lola, Stuttgart

Bildnachweis

Beiträge

Abb. 1, 11, 12: Diözesanmuseum Rottenburg, Foto: die arge lola, Stuttgart

Abb. 2–9: Hochschule Pforzheim, Fotos der Studierenden

Abb. 10: Groeningemuseum, Brügge, Foto: Wikipedia Commons, https://de.wikipedia.org/wiki/Datei:Jan_van_Eyck_069.jpg [22. November 2021]

Katalog

Mittelalterliche Werke: Diözesanmuseum Rottenburg, Fotos: David Spaeth Photography, Stuttgart

Moodboards und Auszüge aus dem Designprozess: Hochschule Pforzheim, Fotos der Studierenden

CLO3D Animationen: Hochschule Pforzheim, Fotos der Studierenden

Die Moodboards werden im Sinne des § 51a UrhG abgedruckt.

Participare!
Schriften des Diözesanmuseums Rottenburg

Band 1: Glaube – Kunst – Hingabe. Johann Baptist Hirscher als Sammler
Ostfildern 2015, Format 21 × 28 cm, 288 Seiten, Hardcover, mit zahlreichen Abbildungen,
ISBN: 978-3-7995-0690-8

Band 2: Hic est Martinus. Der heilige Martin in Kunst und Musik
Ostfildern 2016, Format 14 × 22 cm, 112 Seiten, Paperback, mit ca. 45 meist farbigen
Abbildungen, mit Musik-CD, ISBN: 978-3-7995-1074-5

Band 3: Dem Himmel ganz nah. Liturgische Schätze aus dem Kloster Zwiefalten
Ostfildern 2016, Format 13 × 21 cm, 168 Seiten, Hardcover, mit ca. 40 meist farbigen
Abbildungen, ISBN: 978-3-7995-1144-5

Band 4: Dialog der Welten. Christliche Begegnungen mit den Religionen Indiens
Ostfildern 2018, Format 21 × 28 cm, 320 Seiten, Hardcover, mit ca. 90 meist farbigen
Abbildungen, ISBN: 978-3-7995-1217-6

Band. 5: Conceptio per Aurem. Hören über Grenzen
Ein musikalisches Projekt des Diözesanmuseums Rottenburg, Ostfildern 2018, CD, mit
24-seitigem Booklet, mit 6 farbigen Abbildungen, ISBN: 978-3-7995-1300-5

Band 6: Engelwelten. Wegbegleiter, Himmelsboten, Lichtgestalten
Ostfildern 2018, Format 21 × 28 cm, 128 Seiten, Hardcover, mit 66 farbigen Abbildungen,
ISBN: 978-3-7995-1344-9

Band 7: Engelwelten. Horizonte des Engelglaubens in Geschichte, Kunst, Religion
Ostfildern 2019, Format 21 × 28 cm, 120 Seiten, Hardcover, mit 31 farbigen Abbildungen,
ISBN: 978-3-7995-1424-8

Band 8: Biblia Sacra – der unbekannte Dalí
Ostfildern 2019, Format 21 × 28 cm, 276 Seiten, Hardcover, mit 105 farbigen und
großformatigen Abbildungen,
ISBN: 978-3-7995-1452-1 [vergriffen]

Band 9: Biblia Sacra – der unbekannte Dalí. Künstler – Werk – Rezeption
Ostfildern 2020, Format 21 × 28 cm, 176 Seiten, Hardcover, mit 46 Farbabbildungen,
ISBN: 978-3-7995-1481-1

Band 10: In unserer Erde. Grabfunde des frühen Mittelalters im Südwesten
Ostfildern 2020, Format 21 × 28 cm, 224 Seiten, Hardcover, mit 146 weit überwiegend
farbigen Abbildungen,
ISBN: 978-3-7995-1496-5